DE ESTUDIO BÍBLICO

PROGRAMA DE
ESTUDIO
EN 6 SEMANAS

ESPERANZA

DESPUÉS DEL

DIVORCIO

**MINISTERIOS
PRECEPTO
INTERNACIONAL**

KAY ARTHUR

ESPERANZA DESPUÉS DEL DIVORCIO
Publicado en inglés por WaterBrook Press
12265 Oracle Boulevard, Suite 200
Colorado Springs, Colorado 80921
Una división de Random House Inc.

Todas las citas bíblicas han sido tomadas de la Nueva Biblia Latinoamericana de Hoy;
© Copyright 2005
Por la Fundación Lockman.
Usadas con permiso (www.lockman.org).

ISBN 978-1-62119-380-7

Copyright © 2015 por Ministerios Precepto Internacional

Todos los derechos son reservados. Ninguna parte de esta publicación puede reproducirse, traducirse, ni transmitirse por ningún medio electrónico o mecánico que incluya fotocopias, grabaciones o cualquier tipo de recuperación y almacenamiento de información sin permiso escrito del editor.

Precepto, Ministerios Precepto Internacional, Ministerios Precepto Internacional Especialistas en el Método de Estudio Inductivo, la Plomada, Precepto Sobre Precepto, Dentro y Fuera, ¡Más Dulce que el Chocolate! Galletas en el Estante de Abajo, Preceptos para la Vida, Preceptos de la Palabra de Dios y Ministerio Juvenil Transform son marcas registradas de Ministerios Precepto Internacional

2015 – Edición Estados Unidos

CÓMO USAR ESTE ESTUDIO

Este estudio bíblico ha sido diseñado para grupos pequeños que están interesados en conocer la Biblia, pero que disponen de poco tiempo para reunirse. Por ejemplo, es ideal para grupos que se reúnen a la hora de almuerzo en el trabajo, para estudios bíblicos de hombres, para grupos de estudio de damas, para clases pequeñas de Escuela Dominical, o incluso para devocionales familiares. También, es ideal para grupos que se reúnen durante períodos más largos – como por las noches o los sábados por la mañana – pero que sólo quieren dedicar una parte de su tiempo al estudio bíblico, reservando el resto del tiempo para la oración, comunión y otras actividades.

Este libro está diseñado de tal forma que el grupo tendrá que realizar la tarea de cada lección al mismo tiempo que se realiza el estudio. El discutir las observaciones a partir de lo que Dios dice acerca del tema revela verdades emocionantes e impactantes.

Aunque es un estudio grupal, se necesitará un facilitador para dirigir al grupo – alguien que permita que la discusión se mantenga activa. La función de esta persona no es la de conferencista o maestro. No obstante, cuando este libro se usa en una clase de Escuela Dominical, o en una reunión similar, el maestro debe sentirse en libertad de dirigir el estudio de forma más abierta, dando otras observaciones además de las que se encuentran en la lección semanal.

Si eres el facilitador del grupo, el líder, a continuación encontrarás algunas recomendaciones para hacer más fácil tu trabajo:

- Antes de dirigir al grupo, revisa toda la lección y marca el texto. Esto te familiarizará con el contenido y te capacitará para ayudar al grupo con mayor facilidad. Te será más cómodo dirigir al grupo siguiendo las instrucciones de cómo marcar, si tú como líder escoges un color específico para cada símbolo que marques.

- Al dirigir el grupo, comienza por el inicio del texto y lee en voz alta siguiendo el orden que aparece en la lección, incluyendo los "cuadros de aclaración" que pueden aparecer. Trabajen la lección juntos, observando y discutiendo lo que aprenden. Al leer los versículos bíblicos, haz que el grupo diga en voz alta la palabra que se está marcando en el texto.
- Las preguntas de discusión sirven para ayudarte a cubrir toda la lección. A medida que la clase participe en la discusión, muchas veces te darás cuenta de que ellos responderán a las preguntas por sí mismos. Ten presente que las preguntas de discusión son para guiar al grupo en el tema, no para suprimir la discusión.
- Recuerda lo importante que es para la gente el expresar sus respuestas y descubrimientos. Esto fortalece grandemente su entendimiento personal de la lección semanal. Asegúrate de que todos tengan oportunidad de contribuir en la discusión semanal.
- Mantén la discusión activa. Esto puede significar el pasar más tiempo en algunas partes del estudio que en otras. De ser necesario, siéntete en libertad de desarrollar una lección en más de una sesión. Sin embargo, recuerda que no debes ir a un ritmo muy lento. Es mejor que cada uno sienta que contribuye a la discusión semanal, "que deseen más", a que se retiren por falta de interés.
- Si las respuestas del grupo no te parecen adecuadas, puedes recordarles cortésmente, que deben mantenerse enfocados en la verdad de las Escrituras. La meta es aprender lo que la Biblia dice, no adaptarse a filosofías humanas. Sujétate únicamente a las Escrituras y permite que Dios te hable. ¡Su Palabra es verdad (Juan 17:17)!

ESPERANZA DESPUÉS DEL DIVORCIO

"**Q**uiero el divorcio". Tal vez lo has escuchado. Tal vez tu mismo lo has dicho. En todo caso, las palabras hablan de fracaso – y el fracaso es pesado de llevar, difícil de justificar, duro de aceptar y difícil de superar.

Algunas personas dicen que estas palabras – "quiero el divorcio" – son más devastadoras que la muerte del cónyuge. La muerte trae fin al matrimonio; no hay ningún remedio, es irreversible. Pero con el divorcio, ambos siguen viviendo. ¡Y tienen que vivir con ello!

Si las palabras vinieron de tu pareja, entonces es más que probable que te sientas rechazado, menospreciado, desechado.

Tienes la cabeza llena de preguntas: *¿Qué voy a hacer? ¿Cómo sobreviviré? ¿Quién cuidará de mí? ¿Qué hay de los niños? ¿Del lado de quién estarán? ¿Qué pensará la gente de mí? ¿Qué pensará Dios de mí?*

Cuando tratas de ver el futuro, todo lo que puedes ver son más preguntas:

¿Estoy condenado a estar solo para siempre? ¿Estoy estropeado? ¿Me usará Dios otra vez en el ministerio o llevaré siempre una letra D escarlata en círculos cristianos? ¿Qué pensará la gente de la iglesia? ¿Cómo me tratarán?

¿Y qué hay de nuestros amigos? ¿De quién serán amigos? ¿La soledad definirá mi vida?

Podríamos llenar páginas de preguntas – algunas racionales, otras irracionales. Preguntas que te quitan el sueño, que no te dejan en paz, que te mantienen preguntándote cómo vas a salir de la cama y hacer tu vida cada mañana.

Así que, ¿cómo puedes atravesar esto? ¿Cómo puedes vivir con ello?

Primero que nada necesitas saber que, si eres un hijo de Dios, lo creas o no, eres amado por Él. Lo dice una y otra vez en Su libro, la Biblia.

Y si no eres Su hijo todavía, entonces la razón por la que tienes este libro en tus manos es porque Dios quiere derramar Su amor sobre ti. Él quiere llamarte amado, aunque puedas pensar que no hay nada que valga la pena amar de ti.

Segundo, necesitas saber que el divorcio no lo tomó a Dios por sorpresa. Dios es Dios, Él es omnisciente – que todo lo sabe – y sabía que tu divorcio iba a llegar. Y aunque a Él no le gusta el divorcio por el dolor y daño que provoca en nuestras vidas, Dios sabe que, por la dureza de nuestros corazones, algunos de nosotros escogeremos el camino del divorcio.

Sin embargo, con Dios, ese no es el fin. Dios se describe a Sí mismo en la Biblia como el divino Alfarero, Aquel que es capaz de reformar tu vida en un hermoso vaso. Él te pondrá de vuelta en Su rueda de alfarero, mojará de nuevo tu barro con el agua de Su Palabra y te formará en un hombre o mujer digno de alabar, de renombre y gloria, si te dejas moldear por Sus manos.

En Salmo 107:20, Dios ofrece enviar Su Palabra y sanarnos, salvarnos de nuestra destrucción si escuchamos lo que Él dice, creemos y confiamos en Él y le obedecemos. Él es un redentor, el Dios de toda esperanza.

Nos cuenta Kay: "Habiendo experimentado personalmente los efectos devastadores del divorcio y el estilo de vida inmoral, les puedo asegurar que su vida no se termina ahí. Estará estropeada sí, pero no arruinada si te aferras a Dios y a Su Palabra".

La pregunta es, ¿estás dispuesto a intentarlo? Oramos para que así sea.

En las siguientes seis semanas aprenderás de la Palabra de Dios y de aquellos en tu grupo que toman en serio a Dios y Su Palabra. Dios nos dice que dos son mejor que uno (Eclesiastés 4:9) y aunque hayas perdido o estés perdiendo a tu pareja, seguramente encontrarás una hermana o hermano con quien caminar a través de esto, a medida que te aferres de la mano de Dios y sigas Su camino.

PRIMERA SEMANA

El divorcio duele. Incluso si lo buscamos, la muerte de un matrimonio simplemente duele. *Y te preguntas, ¿estaré completo algún día? ¿Algún día sanarán estas heridas?*

Cuando un matrimonio es destruido por el divorcio, no simplemente regresas a donde estabas antes de casarte. La Palabra de Dios dice que en el matrimonio dos se convierten en una sola carne (Mateo 19:6). El divorcio destruye esa unidad, resultando no en dos individuos completos sino en una sola carne arrancada en pedazos, a menudo dejando heridas abiertas y sensibles. Tan solo pensar en tu pérdida te hace encogerte de dolor. Consecuentemente podrías estar tentado a ignorar esas heridas, cubrirlas con algo o alguien - ¡cualquier cosa!

Pero cubrir tus heridas no te sanará y cuando las heridas no son tratadas apropiadamente, se infectan. Eventualmente la infección se extenderá.

Esta es la razón por la cual debemos buscar la Palabra de Dios para sanar. Y eso es lo que vamos a hacer esta primera semana. Veremos algunas emociones, cómo deben ser manejadas y encontrar esperanza para el resto del día – y todos tus mañana.

OBSERVA

Líder: Lee Jeremías 17:14 y Salmo 107:19-21 en voz alta, despacio. Pide al grupo que diga en voz alta y marque cada palabra o frase clave como se indica a continuación:

- *Subraye cada pronombre que se refiere a __la persona__ y __al pueblo__, incluyendo __mi__, __me__, __su__, __los__, y __ellos__.*

Jeremías 17:14

Sáname, oh Señor, y seré sanado; sálvame y seré salvado, porque Tú eres mi alabanza.

Salmos 107:19-21

¹⁹ Entonces en su angustia clamaron al Señor y Él los salvó de sus aflicciones.

²⁰ Él envió Su palabra y los sanó y los libró de la muerte.

²¹ Que ellos den gracias al Señor por Su misericordia y por Sus maravillas para con los hijos de los hombres.

- *Marca cada referencia al **Señor**, incluyendo los pronombres **El**, **Su** y **Sus** con un triángulo, como este:* △

Al leer el texto, es útil pedir al grupo que diga en voz alta las palabras clave al marcarlas. De esta manera todos estarán seguros de que están marcando cada vez que aparezca la palabra, incluyendo cualquier sinónimo o frase. Haz esto a lo largo del estudio.

DISCUTE

- ¿Qué aprendiste al marcar *mi* y *me* en Jeremías 17:14?

- ¿Qué aprendiste de la gente *los* y *ellos* en el Salmo 107?

- ¿Qué aprendiste al marcar las referencias al Señor en ambos pasajes?

- Según el Salmo 107, ¿de dónde viene la salvación?

- ¿Te dice algo esto? Si es así, ¿qué?

- ¿Cuál es tu dolor? ¿Cargas con la culpa de un matrimonio fallido? ¿O no consigues olvidar las palabras hirientes y las acusaciones? ¿De qué es lo que más quieres ser sanado, salvado, liberado?

Líder: *Pregunta si alguien quiere ser valiente y romper el hielo respondiendo la pregunta anterior. Dales unos momentos. Si nadie comparte, está bien, porque puede ser que no se sientan cómodos todavía unos con otros.*

Líder: *Ahora pide al grupo que lea Jeremías 17:14 en voz alta como un pedido al Señor.*

Salmos 88:1-9, 18

¹ Oh Señor, Dios de mi salvación, de día y de noche he clamado delante de Ti.

² Llegue mi oración a Tu presencia; inclina Tu oído a mi clamor.

³ Porque mi alma está llena de males, y mi vida se ha acercado al Seol.

⁴ Soy contado entre los que descienden a la fosa; he llegado a ser como hombre sin fuerza,

⁵ Abandonado entre los muertos; como los caídos a espada que yacen en el sepulcro, de quienes ya no Te acuerdas, y que han sido arrancados de Tu mano.

OBSERVA

Líder: Lee el Salmo 88:1-9, 18 muy despacio para que las palabras del Señor se queden grabadas. Pide al grupo que…
- *Marque cada referencia al Señor, incluyendo pronombres, con un triángulo.*
- *Subraye cada mi y me.*

ACLARACIÓN

Seol es básicamente una referencia a la tumba, a la muerte.

Selah es una palabra encontrada en los Salmos que podría indicar una pausa, un crescendo o un interludio musical. Cuando la ves en un salmo, tómalo como un recordatorio para hacer una pausa y considerar lo que acabas de leer.

Líder: Lee los versículos de nuevo, despacio.
- *Esta vez, pide al grupo que ponga un visto bueno como este ✓ sobre **cualquier palabra o frase que se relaciona con ellos**, que describe cómo se sienten.*

DISCUTE

- ¿De qué maneras, si alguna, te puedes relacionar con la experiencia de la persona hablando en estos versículos?

- ¿A quién le está hablando el salmista y por qué?

- ¿Qué te dice esto acerca de las creencias del salmista acerca de Dios?

- ¿Te sorprende esto? ¿Trae preguntas a tu mente? Si es así, ¿cuáles?

[6] Me has puesto en la fosa más profunda, en lugares tenebrosos, en las profundidades.

[7] Ha reposado sobre mí Tu furor, y me has afligido con todas Tus olas.

[8] Has alejado de mí mis amistades, me has hecho objeto de repugnancia para ellos; encerrado estoy y no puedo salir.

[9] Han languidecido mis ojos a causa de la aflicción; oh Señor, cada día Te he invocado, he extendido mis manos hacia Ti.

[18] Has alejado de mí al compañero y al amigo; mis conocidos están en tinieblas.

ACLARACIÓN

Cuando estudias el Antiguo Testamento, encuentras pasaje tras pasaje que testifica de la soberanía de Dios, del hecho que Dios gobierna con supremacía sobre todo. En Deuteronomio 32:39 Dios dice, "Vean ahora que Yo, Yo soy el Señor, y fuera de Mí no hay dios. Yo hago morir y hago vivir. Yo hiero y Yo sano, y no hay quien pueda librar de Mi mano".

El nombre de Dios que testifica de Su soberanía es *El Elyon*, que significa "Dios Todopoderoso". Este nombre aparece frecuentemente en el libro de Daniel. Nabucodonosor, el rey de Babilonia, después de ser humillado por Dios declaró, "recobré mi razón, y bendije al Altísimo y alabé y glorifiqué al que vive para siempre. Porque Su dominio es un dominio eterno, y Su reino permanece de generación en generación. "Todos los habitantes de la tierra son considerados como nada, mas Él actúa conforme a Su voluntad en el ejército del cielo y entre los habitantes de la tierra. Nadie puede detener Su mano, ni decirle: '¿Qué has hecho?' (Daniel 4:34-35).

Isaías, guiado por Dios, registró una profecía escrita más de 100 años antes del nacimiento de Ciro, el futuro rey del Imperio Medo-Persa. En esa profecía se dirigió al futuro monarca por nombre, una vez más confirmando la soberanía de Dios: "Así dice el Señor a Ciro, Su ungido, a quien he tomado por la diestra, para someter ante él naciones y para desatar lomos de reyes, para abrir ante él las puertas, para que no queden cerradas las entradas. Yo soy el Señor y no hay ningún otro; fuera de Mí no hay Dios. Yo te fortaleceré, aunque no Me has conocido, para que se sepa que desde el nacimiento del sol hasta donde se pone, no hay ninguno fuera de Mí. Yo soy el Señor y no hay otro. Yo soy el que forma la luz y crea las tinieblas, El que causa bienestar y crea calamidades, Yo, el Señor, es el que hace todo esto". (45:1, 5-7).

Cuando entiendes que Dios es soberano, te das cuenta de que no estás en las manos del destino, otro ser humano, el diablo o la madre naturaleza. No, es Dios el Padre que te sostiene en Sus manos amorosas y una vez que llegas a conocerlo y a vivir acordemente, experimentarás una paz que te puede llevar a través de cada circunstancia de la vida – inclusive el divorcio.

Esperanza Después Del Divorcio

Salmos 6:1-10

¹ Señor, no me reprendas en Tu ira, ni me castigues en Tu furor.

² Ten piedad de mí, Señor, porque estoy sin fuerza; sáname, Señor, porque mis huesos se estremecen.

³ Mi alma también está muy angustiada; Y Tú, oh Señor, ¿hasta cuándo?

⁴ Vuélvete, Señor, rescata mi alma; sálvame por Tu misericordia.

⁵ Porque no hay en la muerte memoria de Ti; en el Seol, ¿quién Te da gracias?

OBSERVA

David soportó muchas cosas en su vida. Las pruebas, tribulaciones, fracasos (incluyendo en el matrimonio) – así como triunfos – marcaron sus días antes y después de ser rey de Israel. Si estudias la vida de David, verás que él creía y aceptaba el hecho de que Dios es soberano. Incluso cuando sus enemigos le causaron dolor, David sabía que Dios reina con supremacía. Veamos el salmo en el cual David le pidió a Dios que lo sanara.

Líder: Lee el salmo 6:1-10 muy cuidadosamente. Al hacerlo, pide al grupo que…
- *Dibuje un triángulo sobre cada referencia al Señor.*
- *Subraye cada referencia a David – cada me y mi.*
- *Ponga un gran visto bueno en cualquier versículo con el que se identifique o que quiera que el Señor haga por ellos.*

DISCUTE

- ¿Cuál era el estado de David en los versículos 1-7?

Primera Semana

- ¿Qué le pidió David a Dios que haga?

- ¿De qué maneras te relacionas con el estado de David y sus peticiones a Dios?

- ¿Qué cambio notas en el versículo 8? Describe el cambio en la perspectiva de David como está registrado en los versículos 9-10. ¿Qué te dice esto?

- Si comparamos este salmo con la práctica de escribir en un diario, ¿cómo comienza el día en el diario y cómo termina?

- Muchos salmos siguen el mismo patrón. ¿Cuáles podrían ser algunos beneficios de derramar tu corazón a Dios en un papel?

⁶ Cansado estoy de mis gemidos; todas las noches inundo de llanto mi lecho, con mis lágrimas riego mi cama.

⁷ Se consumen de sufrir mis ojos; han envejecido a causa de todos mis adversarios.

⁸ Apártense de mí, todos ustedes que hacen iniquidad, porque el Señor ha oído la voz de mi llanto.

⁹ El Señor ha escuchado mi súplica; el Señor recibe mi oración.

¹⁰ Todos mis enemigos serán avergonzados y se turbarán en gran manera; se volverán, y de repente serán avergonzados.

Esperanza Después Del Divorcio

Job 1:1-3, 13-22

¹ Hubo un hombre en la tierra de Uz llamado Job. Aquel hombre era intachable, recto, temeroso de Dios y apartado del mal.

² Le nacieron siete hijos y tres hijas.

³ Su hacienda era de 7,000 ovejas, 3,000 camellos, 500 yuntas de bueyes, 500 asnas y muchísima servidumbre. Aquel hombre era el más grande de todos los hijos del oriente.

¹³ Y aconteció que un día en que los hijos y las hijas de Job estaban comiendo y bebiendo en la casa del hermano mayor,

OBSERVA

El libro de Job detalla el relato de un hombre que sufrió un dolor emocional, físico y mental indescriptible – tanto así que Job deseó nunca haber nacido.

Tal vez te sientes de esta manera. Veamos lo que podemos aprender de Job que te pueda dar esperanza para un futuro mejor, a pesar de tu angustia actual.

Líder: Lee Job 1:1-3, 13-22 en voz alta.

- *Pide al grupo que subraye cada referencia a **Job** – cada **hombre**, **le**, **su**, **usted**, **mi**, etc.*

DISCUTE
- Resume lo que le sucedió a Job en un solo día.

¹⁴ vino un mensajero a Job y le dijo: "Los bueyes estaban arando y las asnas paciendo junto a ellos,

¹⁵ y los Sabeos atacaron y se los llevaron. También mataron a los criados a filo de espada. Sólo yo escapé para contárselo a usted."

¹⁶ Mientras estaba éste hablando, vino otro y dijo: "Fuego de Dios cayó del cielo y quemó las ovejas y a los criados y los consumió; sólo yo escapé para contárselo a usted."

¹⁷ Mientras éste estaba hablando, vino otro y dijo: "Los Caldeos formaron tres cuadrillas, se lanzaron sobre los camellos y se los

llevaron, y mataron a los criados a filo de espada. Sólo yo escapé para contárselo a usted."

[18] Mientras éste estaba hablando, vino otro y dijo: "Sus hijos y sus hijas estaban comiendo y bebiendo vino en la casa del hermano mayor,

[19] y entonces vino un gran viento del otro lado del desierto y azotó las cuatro esquinas de la casa, y ésta cayó sobre los jóvenes y murieron; sólo yo escapé para contárselo a usted."

[20] Entonces Job se levantó, rasgó su manto, se rasuró la cabeza, y postrándose en tierra, adoró,

- ¿Cómo respondió Job?

Primera Semana | 17

- ¿Qué te dice esto acerca de la fe de Job, su relación con Dios?

21 y dijo: "Desnudo salí del vientre de mi madre Y desnudo volveré allá. El Señor dio y el Señor quitó; Bendito sea el nombre del Señor."

22 En todo esto Job no pecó ni culpó a Dios.

OBSERVA

Todavía no llegaban a su final los problemas de Job.

Líder: *Lee Job 2:1-3:1 en voz alta. Pide al grupo que...*
- *Marque cada referencia a **Satanás** con un tridente como este:* ψ
- *Subraye cada referencia a **Job**, incluyendo los pronombres.*
- *Encierre las referencias a la esposa de Job*
- *Dibuje una línea ondulada bajo cada referencia a los **amigos de Job**, de esta manera:* ∿∿

Job 2:1 - 3:1

1 Y sucedió que el día cuando los hijos de Dios vinieron a presentarse delante del Señor, vino también Satanás entre ellos para presentarse delante del Señor.

2 Y el Señor preguntó a Satanás: "¿De dónde vienes?" Entonces Satanás respondió al

Señor: "De recorrer la tierra y de andar por ella."

³ Y el Señor dijo a Satanás: "¿Te has fijado en Mi siervo Job? Porque no hay otro como él sobre la tierra; es un hombre intachable, recto, temeroso de Dios y apartado del mal. Él todavía conserva su integridad a pesar de que tú me incitaste contra él para que lo arruinara sin causa."

⁴ Satanás respondió al Señor: "¡Piel por piel! Sí, todo lo que el hombre tiene dará por su vida.

⁵ Sin embargo, extiende ahora Tu mano y toca su hueso y su carne, verás

DISCUTE

• ¿Qué aprendiste al marcar las referencias a Satanás?

• ¿Hay alguna limitación para el poder de Satanás? ¿Cómo lo sabes?

- ¿Qué le sucedió al cuerpo de Job?

- ¿Ofrecía la esposa de Job algún consuelo? ¿Qué sugirió ella?

si no Te maldice en Tu misma cara."

⁶ Y el Señor dijo a Satanás: "El está en tu mano; pero respeta su vida."

⁷ Entonces Satanás salió de la presencia del Señor, e hirió a Job con llagas malignas desde la planta del pie hasta la coronilla.

⁸ Y Job tomó un pedazo de teja para rascarse mientras estaba sentado entre las cenizas.

⁹ Entonces su mujer le dijo: "¿Aún conservas tu integridad? Maldice a Dios y muérete."

¹⁰ Pero él le dijo: "Hablas como habla cualquier mujer necia.

¿Aceptaremos el bien de Dios pero no aceptaremos el mal?" En todo esto Job no pecó con sus labios.

- ¿Cómo respondieron los amigos de Job cuando lo vieron? ¿Qué sugiere esto acerca de la condición de Job?

¹¹ Cuando tres amigos de Job, Elifaz, el Temanita, Bildad, el Suhita y Zofar, el Naamatita, oyeron de todo este mal que había venido sobre él, vinieron cada uno de su lugar, pues se habían puesto de acuerdo para ir juntos a condolerse de él y a consolarlo.

- ¿Qué aprendiste de Job 3:1? ¿Cómo se sentía Job acerca de su vida?

¹² Y cuando alzaron los ojos desde lejos y no lo reconocieron, levantaron sus voces y lloraron. Cada uno de ellos rasgó su manto y esparcieron polvo hacia el cielo sobre sus cabezas.

	Primera Semana	21

- ¿Hasta qué punto te puedes identificar?

¹³ Entonces se sentaron en el suelo con él por siete días y siete noches sin que nadie le dijera una palabra, porque veían que su dolor era muy grande.

³:¹ Después de esto, Job abrió su boca y maldijo el día de su nacimiento.

OBSERVA

¿Alguna vez te has sentido tan miserable que querías morir?

Líder: *Lee Job 6:8-10 en voz alta.*
- *Pide al grupo que subraye cada pronombre que se refiere a **Job**, quien está hablando en este pasaje.*

Job 6:8-10

⁸ ¡Quién me diera que mi petición se cumpliera, que Dios me concediera mi anhelo,

⁹ Que Dios consintiera en aplastarme, que

soltara Su mano y acabara conmigo!

[10] Pero aún tengo consuelo, y me regocijo en el dolor sin tregua, que no he negado las palabras del Santo.

DISCUTE

- ¿Qué aprendiste al marcar los pronombres que se refieren a Job? ¿Qué quería él que hiciera Dios?

- ¿Cuál era el consuelo de Job?

- ¿Qué te dice eso de Job?

Job 19:23-27

[23] ¡Oh, si mis palabras se escribieran, si se grabaran en un libro!

[24] ¡Si con cincel de hierro y con plomo fueran esculpidas en piedra para siempre!

[25] Yo sé que mi Redentor vive, y al final se levantará sobre el polvo.

[26] Y después de deshecha mi piel,

OBSERVA

El dolor de Job era implacable, sin embargo no se iba a quitar su propia vida. ¿Por qué?

Líder: Lee Job 19:23-27 en voz alta. Pide al grupo que...
- *Subraye cada referencia a **Job***
- *Marque cada referencia a **Redentor**, incluyendo **cual** y **quien**, con una cruz:* ✝

DISCUTE

- ¿Qué aprendiste al marcar las referencias a Job?

Primera Semana

- ¿Qué aprendiste al marcar las referencias a su Redentor?

- ¿Había esperanza para Job? Si es así, ¿de quién o qué?

- ¿Hay esperanza para ti? Si es así, ¿en quién o qué se basa tu esperanza?

OBSERVA

Siempre queremos saber cómo termina una historia, ¿no es así? El final hace toda la diferencia. Seguramente después del divorcio, te has preguntado qué pasará contigo y con tu familia. Si tienes esperanza, si sabes que hay un futuro, es más fácil perseverar.

Así que, ¿cuál fue el final de la historia de Job? ¿Por qué Dios la puso en Su libro, la Biblia? ¿Cuál es Su lección para ti?

aun en mi carne veré a Dios;

²⁷ Al cual yo mismo contemplaré, y a quien mis ojos verán y no los de otro. ¡Desfallece mi corazón dentro de mí!

Job 42 (Versículos seleccionados)

¹ Entonces Job respondió al S{\sc eñor}:

² "Yo sé que Tú puedes hacer todas las cosas, y que ninguno de Tus propósitos puede ser frustrado.

⁶ Por eso me retracto, y me arrepiento en polvo y ceniza."

¹⁰ Y el Señor restauró el bienestar de Job cuando éste oró por sus amigos; y el Señor aumentó al doble todo lo que Job había poseído.

¹¹ Entonces todos sus hermanos y todas sus hermanas y todos los que le habían conocido antes, vinieron a él y comieron con él en su casa; se condolieron de él y lo consolaron por todo el mal que el Señor había traído sobre él. Cada uno le dio una moneda de plata, y cada uno un anillo de oro.

¹² El Señor bendijo los últimos días de Job más que los primeros...

Líder: *Lee en voz alta los versículos seleccionados de Job 42 y pide al grupo que...*
- *Subraye cada referencia a **Job**, incluyendo sus pronombres.*
- *Dibuje un triángulo sobre cada referencia **al Señor**, incluyendo los pronombres.*
- *Dibuje una nube alrededor de la palabra **propósito**, de esta manera:* ☁

DISCUTE
- ¿Qué había Job aprendido de Dios y qué lo impulsó a hacer?

- ¿Qué hizo el Señor por Job según el versículo 10? ¿Cuándo hizo esto Dios? En otras palabras, ¿qué precedió Su acción?

- ¿Has orado por tu ex pareja? (Si no, lee Job 42:7-10 pronto).

- Busca todos los lugares donde marcaste las referencias al Señor. ¿Qué hizo Dios por Job?

- ¿Cómo se compara el final de la historia de Job con el inicio? ¿Qué o quién es responsable del resultado?

- ¿Qué has observado en este relato que te podría dar esperanza después del divorcio?

OBSERVA

¿Estás pensando, *ese fue el final para Job, pero qué hay de mi?* Leamos lo que la Biblia te dice a través de las palabras del apóstol Pablo en Romanos 8.

Líder: *Lee Romanos 8:28-31. Pide al grupo que diga en voz alta y...*
- *Subraye cada referencia a* **los que aman a Dios**, *incluyendo* **los, esos** *y* **nosotros.**
- *Marque la frase* **conforme a Su propósito** *con una nube.*

Romanos 8:28-31

¹⁶ Después de esto vivió Job 140 años, y vio a sus hijos y a los hijos de sus hijos, hasta cuatro generaciones.

¹⁷ Y murió Job, anciano y lleno de días.

²⁸ Y sabemos que para los que aman a Dios, todas las cosas cooperan para bien, esto es, para los que son llamados conforme a Su propósito.

²⁹ Porque a los que de antemano conoció, también los predestinó a ser hechos conforme a la imagen de Su Hijo, para que Él sea

el primogénito entre muchos hermanos.

³⁰ A los que predestinó, a ésos también llamó. A los que llamó, a ésos también justificó. A los que justificó, a ésos también glorificó.

³¹ Entonces, ¿qué diremos a esto? Si Dios está por nosotros, ¿quién estará contra nosotros?

³² El que no negó ni a Su propio Hijo, sino que Lo entregó por todos nosotros, ¿cómo no nos dará también junto con Él todas las cosas?

ACLARACIÓN

El término *llamados*, en Romanos 8:28, 30, es sinónimo de ser salvo, ser un servidor de Cristo. A los que Dios llama Él los justifica – los declara justos – y los glorifica. Ellos vivirán con Él para siempre en sus cuerpos inmortales.

DISCUTE

- ¿Qué aprendiste al marcar las referencias a "los que aman a Dios"?

- ¿Qué aprendiste al marcar *propósito*, tanto aquí en Romanos como en el pasaje anterior de Job 42:2?

- ¿Dijo Pablo que todas las cosas serán buenas? ¿Cuál es exactamente la promesa de Romanos 8:28?

- ¿Cubrirá esta promesa incluso nuestras malas decisiones y las consecuencias que ellas traen? ¿Qué incluye la palabra *todas*?

- ¿Quién puede reclamar la promesa de Romanos 8:28? ¿Es para todos o hay condiciones? Si es así, ¿cuáles son?

- El pecado trae consecuencias, pero ¿cómo puede Dios usar la consecuencia para conformarnos a "la imagen de Su Hijo"?

- ¿Qué hay si cometiste un error y te divorciaste cuando sabías que no debías hacerlo? ¿Se aplica esta promesa a ti también?

- ¿Cómo puede tu divorcio ser utilizado para conformarte a la imagen de Jesús?

- ¿Provee Romanos 8:28 una excusa para pecar? ¿Por qué sí o por qué no?

- ¿Cómo cambia nuestra perspectiva el pensar que Dios en Su soberanía puede tener un propósito al permitir algo tan malo como el divorcio?

- ¿Cómo puede darte esto esperanza?

FINALIZANDO

Lo que mantuvo vivo a Job en medio de su dolor fue el conocimiento de su Redentor. El Redentor estaba vivo y Job sabía que algún día Lo vería cara a cara en su cuerpo resucitado. Se acercaba la glorificación. Es por eso que Job pudo regocijarse en medio de un dolor incomparable, el por qué Job determinó no negar las palabras de su Dios (Job 6:10).

Debido a que Job, perseveró, llegó a conocer mejor a Dios y a si mismo. Y Dios bendijo los últimos días de Job más que en su comienzo.

¿Qué hay de ti? ¿Cómo manejarás tu dolor? ¿Cómo superarás tu divorcio? ¿Le creerás a Dios? ¿Te aferrarás a Su promesa de que esto al final trabajará para tu bien y Su gloria a medida que eres conformado más y más a la imagen de Su Hijo, el Señor Jesucristo?

Si eres hijo de Dios, Su promesa es para ti. Si no Le perteneces, Él quiere que seas Suyo. Es por eso que Dios envió a Su Único Hijo, nacido de una virgen, nacido sin pecado, a este mundo a pagar por tu pecado al morir en la cruz. Jesús vino a redimirte del pecado y la muerte y ofrecerte el perdón de los pecados y el don de la vida eterna. Piensa en ello. Habla con Dios acerca de esto – y no te pierdas el estudio de la próxima semana.

SEGUNDA SEMANA

El proceso de divorcio puede ser largo y pesado. Agotador. Extenuante. Quieres que se aleje de tu vida, de tu mente. Quieres que ya termine para que puedas continuar con tu vida – si es que la llegas a tener después del divorcio.

La pregunta entonces es, ¿cómo puedes encontrar la fuerza para continuar, para soportar esta experiencia dolorosa y agotadora?

Veamos lo que dice la Palabra de Dios.

OBSERVA

Cuando el apóstol Pablo escribió 2 Corintios en la Biblia, desnudó su alma de una manera en que no vemos en ninguna otra de sus cartas. Qué bendición para los que hemos perdido por alguna razón la esperanza para nuestras vidas, nuestro futuro.

Pablo, al terminar esta carta, parece que es el Espíritu de Dios quien lo guía a dejar que todo se conozca. A no guardarse nada con respecto a las pruebas que ha sufrido y cómo el Señor lo había llevado a través de todas ellas.

Pablo tuvo una increíble experiencia de ser llevado al cielo. Consecuentemente, para que el apóstol no se jacte de la experiencia, Dios permitió que un mensajero de Satanás le diera una espina en su carne. (¿Te puedes relacionar?) Tres veces Pablo le pidió a Dios que se la quitara y cada vez la respuesta de Dios fue no. (¿Has también orado para ser aliviado y Dios no ha resuelto la situación de la manera en que tu se lo pediste?)

Así que, ¿qué hizo Pablo a la luz de la respuesta de Dios? Veamos lo que podemos aprender que te pueda ayudar.

1 Corintios 12:9-10

⁹ Y Él me ha dicho: "Te basta Mi gracia, pues Mi poder se perfecciona en la debilidad." Por tanto, con muchísimo gusto me gloriaré más bien en mis debilidades, para que el poder de Cristo more en mí.

¹⁰ Por eso me complazco en las debilidades, en insultos, en privaciones, en persecuciones y en angustias por amor a Cristo, porque cuando soy débil, entonces soy fuerte.

Líder: *Lee 2 Corintios 12:9-10 despacio. Pide al grupo que:*

- *Subraye cada pronombre que se refiera a **Pablo**, quien en este pasaje está describiendo su conversación con Dios.*
- *Marque los términos de conclusión **por tanto** y **por eso**, con tres puntos con la forma de un triángulo, de esta manera:* ∴
- *Marque las palabras **debilidad (es)** y **débil** con un semicírculo:* ⌒

ACLARACIÓN

En 2 Corintios 12:9, el verbo griego traducido como "ha dicho" está en tiempo perfecto, que indica una acción en el pasado con un resultado presente y continuo. Así que en esencia el Señor le estaba diciendo a Pablo "esta es mi respuesta final. No me preguntes de nuevo". Pero la mejor parte es lo que vino junto a ese no. Lee cuidadosamente la segunda parte de la respuesta de Dios.

DISCUTE

- ¿Cuál fue la repuesta final de Dios a Pablo? Discute todo lo que Dios dijo. ¿En qué podría ayudar a Pablo el vivir con esta espina?

- ¿Cuál fue la respuesta de Pablo a Dios? O para ponerlo de otra manera, ¿por qué dice *por tanto* y *por eso* en estos dos versículos? *Por tanto* es un término de conclusión; ¿cuál fue la conclusión de Pablo en el versículo 9?

- ¿Cuál fue la conclusión de Pablo en el versículo 10?

- Observa la lista de cosas con las que Pablo dijo estaría contento. ¿Con cuáles de estas te identificas?

- ¿Qué aprendiste al marcar *debilidad(es), débil*?

OBSERVA

Líder: *Lee 2 Corintios 12:9-10 de nuevo y pide al grupo que…*

- *Dibuje un cartucho de dinamita sobre cada vez que aparezcan las palabras **poder** y **fuerte**, de esta manera:*

DISCUTE

- ¿Qué aprendiste al marcar estas palabras?

- ¿Por qué hay fortaleza en la debilidad para el hijo de Dios?

- ¿Qué debes hacer en tu situación si crees en esto?

OBSERVA

Veamos otro pasaje en 2 Corintios que nos dará un mejor entendimiento de lo que Pablo experimentó. Lo que estás a punto de leer fue en respuesta a algunas personas en la iglesia de Corinto que estaban creando dificultades para Pablo, diciendo que no era un verdadero apóstol y que no debía estar ministrando. Criticaban su apariencia, su manera de hablar, su supuesto fracaso en cumplir su promesa y más.

Tal vez desde tu divorcio has experimentado un rechazo similar, condenación, juicio – mala publicidad – de personas que claman amar a Cristo. Si es así, te identificarás.

Líder: *Lee 2 Corintios 11:22-29. Pide al grupo que...*
- *Subraye cualquier **experiencia de Pablo que hayan también experimentado de alguna forma**.*
- *Marque **débil y debilidad(es)** con un semicírculo, como lo hicieron antes.*

2 Corintios 11:22-29

22 ¿Son ellos Hebreos? Yo también. ¿Son Israelitas? Yo también. ¿Son descendientes de Abraham? Yo también.

23 ¿Son servidores de Cristo? yo más. En muchos más trabajos, en muchas más cárceles, en azotes un sinnúmero de veces, con frecuencia en peligros de muerte.

24 Cinco veces he recibido de los Judíos treinta y nueve azotes.

25 Tres veces he sido golpeado con varas, una vez fui apedreado, tres veces naufragué, y he pasado una noche y un día en lo profundo.

26 Con frecuencia en viajes, en peligros

de ríos, peligros de salteadores, peligros de mis compatriotas, peligros de los gentiles, peligros en la ciudad, peligros en el desierto, peligros en el mar, peligros entre falsos hermanos;

²⁷ en trabajos y fatigas, en muchas noches de desvelo, en hambre y sed, con frecuencia sin comida, en frío y desnudez.

²⁸ Además de tales cosas externas, está sobre mí la presión cotidiana de la preocupación por todas las iglesias.

²⁹ ¿Quién es débil sin que yo sea débil? ¿A quién se le hace pecar sin que yo no me preocupe intensamente?

DISCUTE

- Sin discutir cada cosa que Pablo soportó, ¿qué te dice este pasaje de la vida de Pablo, y cómo te puede ayudar con las situaciones dolorosas que has experimentado al enfrentar tu divorcio?

- Los hijos reciben un impacto grande en el divorcio (sea este amigable o no), algunas veces son testigos de peleas, probablemente experimentan abuso y muchas veces se preocupan por su futuro o su supuesta responsabilidad en el divorcio. Relee los versículos 28-29 a la luz de tu preocupación por tus hijos y el trauma del divorcio. ¿Qué tipo de "presión diaria" de preocupación sientes?

- De todo lo que has visto hasta ahora en esta lección, ¿dónde puedes encontrar esperanza? ¿Dónde puedes encontrar alivio para el dolor y la presión de tus circunstancias?

OBSERVA

¿Te preguntas cómo Pablo soportó todas estas cosas sin quebrantarse o llenarse de amargura? Vamos a averiguarlo.

Líder: Lee 2 Corintios 4:17-18 despacio. Pide al grupo que...
- Subraye los pronombres *nos* y *nuestra*.
- Marque la palabra **aflicción**, con una línea en zigzag, de esta manera: ⚡

DISCUTE

- ¿Cómo veía Pablo su aflicción? ¿Qué palabras utilizó para describirla?

- ¿Cómo te parece esto a la luz de la lista de sufrimientos que acabas de leer en 2 Corintios 11:22-29?

- Obviamente muy pocos de nosotros han experimentado las dificultades que Pablo soportó, pero en su vida podemos encontrar lecciones para nuestro propio sufrimiento. ¿Qué leíste en 2 Corintios 4:17-18 que te muestre cómo Pablo manejó sus experiencias?

2 Corintios 4:17-18

[17] Pues esta aflicción leve y pasajera nos produce un eterno peso de gloria que sobrepasa toda comparación,

[18] al no poner nuestra vista en las cosas que se ven, sino en las que no se ven. Porque las cosas que se ven son temporales, pero las que no se ven son eternas.

- ¿Qué aplicación, si alguna, encuentras aquí para tu situación?

Romanos 8:9b, 14

⁹ Pero si alguien no tiene el Espíritu de Cristo, el tal no es de Él.

¹⁴ Porque todos los que son guiados por el Espíritu de Dios, los tales son hijos de Dios.

Hechos 1:8

Pero recibirán poder cuando el Espíritu Santo venga sobre ustedes; y serán Mis testigos en Jerusalén, en toda Judea y Samaria, y hasta los confines de la tierra.

OBSERVA

¿De dónde vino el poder de Pablo y qué continuaba recargando las baterías de ese poder? ¿Cuál era la fuente de su habilidad para soportar las aflicciones con esperanza? Esto es lo que queremos explorar a continuación.

Líder: Lee Romanos 8:9b, 14 y Hechos 1:8. Pide al grupo que…
- *Dibuje una nube alrededor de cada referencia al Espíritu.*
- *Marque poder con un cartucho de dinamita.*

DISCUTE
- ¿Qué aprendiste al marcar *el Espíritu*?

- ¿Cómo describirías tu relación con el Espíritu de Dios?

- El Espíritu de Dios a través de Su poder nos hace testigos de Jesús. ¿Cómo se vería eso en el proceso de divorcio?

Efesios 1:13-14

OBSERVA

¿Cómo obtiene una persona el Espíritu de Dios?

Líder: *Lee Efesios 1:13-14. Pide al grupo que...*
- *Subraye cada **ustedes, su, nos, nuestra**.*
- *Marque cada referencia **al Espíritu de Dios**, con una nube.*

DISCUTE
- ¿Qué aprendiste al marcar *ustedes* y *su*?

- ¿Notaste la palabra *después* y los tiempos de los verbos, que indican una progresión de eventos que llevan a que seamos sellados con el Espíritu? Discute y luego enumera los eventos como parece que ocurren.

¹³ En Él también ustedes, después de escuchar el mensaje de la verdad, el evangelio de su salvación, y habiendo creído, fueron sellados en Él con el Espíritu Santo de la promesa,

¹⁴ que nos es dado como garantía de nuestra herencia, con miras a la redención de la posesión adquirida de Dios, para alabanza de Su gloria.

> ## ACLARACIÓN
>
> Cuando piensas en ser sellado en Cristo por el Espíritu de Dios, imagina el sello bajo la tapa del café instantáneo. El sello sin romper garantiza que nadie ha contaminado el café, nadie lo ha manipulado desde que dejó la fábrica.
>
> Cuando Pablo mencionó "la redención de la posesión adquirida de Dios, para alabanza de Su gloria", se estaba refiriendo a la eventual resurrección de nuestros cuerpos, cuando lo mortal se viste de inmortalidad y lo corruptible se vuelva incorruptible. (Todo esto se enseña en más detalle en 1 Corintios 15, el capítulo de la resurrección).

- Así que, ¿qué aprendiste al marcar las referencias al Espíritu Santo? ¿Cuál es la conexión entre nuestra fe y Su presencia?

Segunda Semana 39

OBSERVA

Tan a menudo, los divorcios son extremadamente traumáticos. En nuestro dolor, estamos tentados a tratarnos el uno al otro como basura, a pisotearnos el uno al otro por lo que ha pasado, lo que se ha dicho. Pero, ¿podemos encontrar una manera para glorificar a Dios en medio de nuestro sufrimiento, encauzar nuestra ira y dolor y vivir la vida en un plano divino? ¿Caminar en el poder de Su Espíritu?

Líder: *Lee Gálatas 5:16-17 y 22-26 en voz alta. Pide al grupo que...*
- *Dibuje una nube alrededor de cada referencia al **Espíritu**.*
- *Subraye cada referencia a **los que son de Cristo Jesús**, incluyendo los pronombres **ustedes** y **nos**.*

Líder: *Ahora lee el texto de nuevo.*
- *Esta vez pide al grupo que lea en voz alta y dibuje una **X** sobre cada referencia a **la carne**.*

Gálatas 5:16-17, 22-26

[16] Digo, pues: anden por el Espíritu, y no cumplirán el deseo de la carne.

[17] Porque el deseo de la carne es contra el Espíritu, y el del Espíritu es contra la carne, pues éstos se oponen el uno al otro, de manera que ustedes no pueden hacer lo que deseen.

[22] Pero el fruto del Espíritu es amor, gozo, paz, paciencia, benignidad, bondad, fidelidad,

[23] mansedumbre, dominio propio; contra tales cosas no hay ley.

[24] Pues los que son de Cristo Jesús han

crucificado la carne con sus pasiones y deseos.

²⁵ Si vivimos por el Espíritu, andemos también por el Espíritu.

²⁶ No nos hagamos vanagloriosos, provocándonos unos a otros, envidiándonos unos a otros.

ACLARACIÓN

En Gálatas 5:16, el verbo griego usado en la frase *andar en el Espíritu* está en tiempo presente. Esto implica una acción habitual o continua. Por tanto, se podría leer de esta manera: "sigue caminando en el Espíritu y no satisfagas los deseos de la carne".

¡Cuán motivador! Aunque la carne desee hacer las cosas a su manera, Dios nos asegura que podemos vencer los deseos de la carne al continuar dejando que el Espíritu nos guíe.

DISCUTE

- ¿Qué aprendiste acerca de la carne y el Espíritu y la relación entre ellos?

- ¿Cuál es tu deber como hijo de Dios cuando los deseos de tu carne entran en conflicto con el Espíritu?

Segunda Semana | 41

- Según los versículos 22-23, ¿cómo se ve, o cómo nos comportamos cuando el Espíritu y no la carne, está en control de nosotros?

- ¿Qué aprendiste del versículo 25? Hablando de forma práctica, ¿qué significa "andar" en el Espíritu?

- ¿Cómo te ayuda esto a tratar con tu ex cónyuge?

FINALIZANDO

La vida no es fácil, ¿no es así? No es algo simple amar a otros como Dios nos instruye, especialmente cuando alguien nos lastima tan profundamente. Pero lo puedes hacer, porque Dios mismo vive dentro de ti y tu tienes Su Espíritu.

Necesitamos recordar que mientras más cerca estemos del regreso de Jesucristo, más difícil se pondrá la vida – especialmente para los que verdaderamente Lo aman y siguen. Como Pablo escribió a Timoteo en su última carta, "pero debes saber esto, que en los últimos días vendrán tiempos difíciles" (2 Timoteo 3:1).

Sin embargo es en las tribulaciones, las pruebas y las dificultades de la vida que Dios prueba ser quien Él dice que es y todo lo que Él promete ser como nuestro Padre celestial. Muchos que han pasado por situaciones horrendas dicen "no cambiaría lo que aprendí, lo que experimenté con Dios en esta prueba. Valió la pena el dolor, el sufrimiento porque he llegado a conocer a Dios de una manera en que nunca lo habría hecho si esto no hubiera pasado".

Amigo, encontrarás que el dolor que estás experimentando valdrá la pena al final. Si andas en Su poder, por Su Espíritu, Dios usará todo esto para conformarte a la gloriosa imagen de Su Hijo, nuestro Señor y Salvador Jesucristo.

Querrás memorizar lo que Pablo le escribió a los corintios: "Pero por la gracia de Dios soy lo que soy, y Su gracia para conmigo no resultó vana. Antes bien he trabajado mucho más que todos ellos, aunque no yo, sino la gracia de Dios en mi" (1 Corintios 15:10).

TERCERA SEMANA

Los sentimientos pueden ser extremadamente poderosos, ¿no es así? ¿Qué haces con todas tus emociones? ¿Puedes controlarte? En medio de esta tormenta emocional que es tu divorcio, ¿estás haciendo las cosas como Dios quiere?

¿O estás herido, enojado, frustrado, planeando cómo desquitarte?

¿O tal vez te estás sintiendo derrotado, no amado y quizás que no mereces serlo?

Todas estas son reacciones naturales y normales de nuestra carne ante la decepción y el dolor. Es entendible que te sientas frágil emocional y físicamente. Sin embargo, no quieres que estas emociones negativas te consuman o te lleven a hacer cosas de las cuales te arrepientas, especialmente si tu ex cónyuge se ha convertido en tu enemigo.

Así que observemos la sólida verdad bíblica que te puede dar fortaleza y ayudarte a atravesar este trauma. Aprendamos cómo puedes tomar control en vez de dejarte influenciar por tus emociones, al considerar cómo Dios quiere que trates a tu ex, incluso si él o ella se ha convertido en tu enemigo.

Los principios que veremos esta semana asumen que eres un seguidor genuino de Jesucristo; sin embargo, si ese no es el caso e incluso si no sabes mucho sobre el cristianismo, está bien. Ten paciencia. Estamos seguros de que Dios tiene respuestas para ti y es por eso que tienes este libro en tus manos. Tan solo recuerda, incluso si no estás de acuerdo con los versículos que estaremos leyendo, son las palabras de Dios, sacadas de la Biblia. Dios no puede mentir. Sus palabras son palabras de vida que te ayudarán a atravesar esta situación si escuchas, crees y haces lo que Él dice.

Así que dale una oportunidad a Dios. No tienes absolutamente nada que perder y un futuro que ganar.

44 Esperanza Después Del Divorcio

Efesios 4:1-2

¹ Yo, pues, prisionero del Señor, les ruego que ustedes vivan de una manera digna de la vocación con que han sido llamados.

² Que vivan con toda humildad ① y mansedumbre, con paciencia, soportándose unos a otros en amor,

OBSERVA

Los nuevos convertidos en la cosmopolita ciudad de Éfeso estaban en medio de una situación adversa. Entre otras cosas, el matrimonio y la moral eran desafiados constantemente. Era crítico que estos nuevos cristianos aprendan a vivir por sobre las circunstancias, contrario a la cultura pagana, para demostrar el poder que Jesús da a Sus hijos cuando caminan bajo el control de Su Espíritu.

¿Cómo se ve eso? Veamos por nosotros mismos.

Líder: *Lee Efesios 4:1-2*
- *Pide al grupo que subraye la palabra **ustedes**.*

ACLARACIÓN

El llamado aquí mencionado es una referencia al hecho de que Dios te ha llamado para ser Su hijo a través de la fe en Jesucristo. Según Efesios 1:3-4, Dios te escogió para Sí mismo antes de la fundación del mundo.

DISCUTE

- ¿Qué aprendiste al subrayar *ustedes*?

- ¿Qué piensas que significa caminar de manera "digna al llamado"?

- ¿Cómo se ve ese andar? Enumera las cosas listadas en el versículo 2. (La primera, humildad, ya está numerada para ti). Luego discute cada comportamiento brevemente y cómo podría esto afectar tus interacciones con tu ex cónyuge, tus hijos, parientes y los demás afectados por tu divorcio.

- ¿Cuáles son las emociones con las que te encuentras lidiando como resultado de tu divorcio? ¿Cómo el obedecer estos versículos de Efesios te ayudaría a tratar con estas emociones?

- Cuando piensas en mostrar tolerancia en amor hacia tu ex cónyuge, ¿parece imposible? ¿Cómo puedes hacer eso cuando no sientes amor? Lee el cuadro de Aclaración en la siguiente página y luego discute cómo esta instrucción se aplica en el divorcio.

> ### ACLARACIÓN
>
> *Ágape*, la palabra griega traducida en Efesios 4:2 como "amor", describe el tipo de amor de Dios. No es por mérito, es decir que no está basado en las cualidades o acciones del otro. Ágape es el amor que nos amó cuando éramos pecadores, desamparados, incrédulos, enemigos de Dios (Romanos 5:6-11). El amor ágape es objetivo. Conoce todo sobre ti y sin embargo desea tu bien y ama primero antes de recibir amor a cambio (1 Juan 4:7-21).

Efesios 4:22-27

²² que en cuanto a la anterior manera de vivir, ustedes se despojen del viejo hombre, que se corrompe según los deseos engañosos,

²³ y que sean renovados en el espíritu de su mente,

OBSERVA

En este siguiente pasaje veremos lo que Dios nos dice acerca de nuestros instintos naturales de la carne – ¡instintos que pueden realmente llevar a meternos en problemas si los dejamos que tomen el control!

Líder: *Lee Efesios 4:22-27 en voz alta. Pide al grupo que diga en voz alta y marque las palabras y frases clave de esta manera:*

- *Subraye los pronombres **ustedes** y **su**.*
- *Ponga una **X** sobre **viejo hombre**.*
- *Ponga un visto bueno sobre **nuevo hombre**.*

²⁴ y se vistan del nuevo hombre, el cual, en la semejanza de Dios, ha sido creado en la justicia y santidad de la verdad.

²⁵ Por tanto, dejando a un lado la falsedad, hablen verdad cada cual con su prójimo, porque somos miembros los unos de los otros.

²⁶ Enójense, pero no pequen; no se ponga el sol sobre su enojo,

²⁷ ni den oportunidad al diablo.

ACLARACIÓN

El *viejo hombre* en este pasaje es una referencia a lo que eras antes de ser cristiano, antes de ser salvo. Este es el viejo tú que murió para que seas resucitado con Cristo y ser una nueva creación en Él. Como una nueva creación, ahora tienes el poder sobre el pecado y sobre la carne mediante el Espíritu de Dios, como viste la semana pasada. El *nuevo hombre* eres tú con el Espíritu morando dentro de ti y dándote Su poder.

Recuerda, el Santo Espíritu de Dios es Aquel que te da amor, gozo, paz, paciencia, bondad, benignidad, fidelidad, mansedumbre, dominio propio, si se lo permites (Gálata 5:22-23). Como cristiano, es siempre cuestión de escoger quién te va a controlar: el Espíritu o la carne.

DISCUTE

- ¿Qué aprendiste al marcar los pronombres que se refieren al creyente? Tómalo versículo por versículo y discute lo que significa cada referencia.

- ¿Qué aprendiste acerca del *viejo hombre* y el *nuevo hombre*?

- ¿Cuáles son las instrucciones de los versículos 25-27?

- ¿Notaste el *por tanto* en el versículo 25? Como lo vimos antes, *por tanto* es un término de conclusión, así que siempre debemos detenernos a ver la razón por la que está ahí. ¿Qué aprendiste? ¿Es posible obedecer las instrucciones en los versículos 25-27? Explica tu respuesta.

- Así que, ¿es mala la ira? ¿No deberíamos enojarnos ante el pecado, la injusticia, la corrupción, la traición? Si es así, ¿cómo debemos lidiar con esa ira? ¿Cómo el saber esto te ayudará a tratar con tu ex?

ACLARACIÓN

Si haces un estudio sobre la palabra *ira* a lo largo del Antiguo y Nuevo Testamentos, ¡descubrirás que Dios es el que más ira tiene! Pecado, injusticia, maldad, hipocresía y otros males provocan ira a Dios. La Suya es una ira justa – una indignación ante el comportamiento injusto e indebido de la humanidad.

- Habla en términos prácticos acerca de cómo el diablo podría aprovechar la oportunidad de hacer lo que el diablo hace. ¿De qué maneras podemos darle la oportunidad de influenciar nuestras vidas?

- ¿Cómo puede afectar tu mente el aferrarte a la ira? ¿Qué puede hacer el diablo con la ira no resuelta?

- ¿Notaste lo que Efesios 4:23 dice acerca de tu mente? La mente puede ser el laboratorio del diablo. ¿Cuáles son algunas de las batallas que has peleado en tu mente desde tu divorcio? (Muchas veces cuando tenemos el coraje de compartir, ¡eso les da el valor a los demás!)

Efesios 4:29-5:2

²⁹ No salga de la boca de ustedes ninguna palabra mala, sino sólo la que sea buena para edificación, según la necesidad del momento, para que imparta gracia a los que escuchan.

³⁰ Y no entristezcan al Espíritu Santo de Dios, por el cual fueron sellados para el día de la redención.

³¹ Sea quitada de ustedes toda amargura, enojo, ira, gritos, insultos, así como toda malicia.

³² Sean más bien amables unos con otros, misericordiosos, perdonándose unos a otros, así como también

OBSERVA

Dios tiene más que decirnos en Efesios acerca de cómo vivir de tal manera que no nos arrepintamos de nuestras decisiones más tarde.

Líder: Lee Efesios 4:29- 5:2 en voz alta. Pide al grupo que...
- *Subraye cada **instrucción** en estos versículos (tan solo la instrucción, ninguna explicación que la pueda acompañar).*
- *Encierre en un rectángulo las frases **para que** y **así como**.*
- *Ponga una **X** sobre las palabras **perdonándose** y **perdonó**.*

ACLARACIÓN

Cuando creemos en Jesucristo, nos es dado el regalo del Espíritu Santo de Dios. El Espíritu de Dios que mora en nosotros es nuestro boleto, por así decirlo, para entrar en el cielo. Él es la garantía de que un día –el día de la redención– cada uno de nosotros tendrá un nuevo cuerpo y viva para siempre con Jesús.

DISCUTE

- Discute una por una las instrucciones en este pasaje y cómo cada mandato en particular se aplica o no a ti como persona divorciada.

- En Efesios 4:25 Dios nos dice que hablemos con la verdad. Ahora, en el versículo 29 Él nos da más instrucciones sobre cómo debemos hablar. ¿Qué aprendiste acerca de la importancia de tus palabras hacia la persona de la cual te divorciaste? ¿Qué hay de tus palabras *acerca* de él o ella?

- ¿Qué aprendiste de los versículos 31-32 acerca de cómo Dios quiere que respondas a tu ex?

- Si eres cristiano, ¿tiene tu comportamiento algún efecto en el Espíritu de Dios, quien mora en ti? Explica tu respuesta.

- Lee el versículo 32 en voz alta. ¿Qué aprendes acerca del perdón? ¿Qué verdad trae a la luz haber marcado *así como*?

Dios los perdonó en Cristo.

5:1 Sean, pues, imitadores de Dios como hijos amados;

2 y anden en amor, así como también Cristo les amó y se dio a sí mismo por nosotros, ofrenda y sacrificio a Dios, como fragante aroma.

- ¿Deberías perdonar a la persona que se divorció de ti? ¿Por qué si o por qué no?

- ¿Piensas que es posible caminar en amor hacia la persona que se divorció de ti? ¿Por qué sí o por qué no?

- ¿Cómo crees que te sentirías si obedecieras estas instrucciones? ¿Te sentirías como una víctima o como alguien victorioso? ¿Te haría sentir la obediencia como si fueras controlado por el comportamiento de otra persona? ¿O la obediencia te pondría en control de la situación? Discute esto.

OBSERVA

¿Qué harías si tu ex cónyuge se comporta como un enemigo o te trata como su enemigo? Veamos algunos preceptos prácticos de la Palabra de Dios que te ayudarán a tratar a tu ex esposo o ex esposa de manera que honre a Dios, incluso si esta persona no te está tratando de la manera en que debería.

Salvo circunstancias atenuantes – como algún tipo de peligro para ti o tus hijos, posible abuso, violencia, amenazas, trato financiero injusto – podrían cambiar los parámetros, veamos los principios generales que contiene la Palabra de Dios.

OBSERVA

Líder: Lee Romanos 12:17-21. Pide al grupo que...
- *Dibuje un rectángulo alrededor de la palabra **mal**.*
- *Subraye cada **instrucción** – pero tan solo la instrucción, ninguna explicación que la acompañe.*

DISCUTE

- ¿Qué instrucciones encontraste en estos versículos?

- ¿De quién son estas instrucciones? ¿De dónde vienen?

- ¿Qué aprendiste de Dios, el Señor, en el versículo 19?

Romanos 12:17-21

[17] Nunca paguen a nadie mal por mal. Respeten lo bueno delante de todos los hombres.

[18] Si es posible, en cuanto de ustedes dependa, estén en paz con todos los hombres.

[19] Amados, nunca tomen venganza ustedes mismos, sino den lugar a la ira de Dios, porque escrito está: "Mía es la venganza, Yo pagaré," dice el Señor.

[20] "Pero si tu enemigo tiene hambre, dale de comer; y si tiene sed,

dale de beber, porque haciendo esto, carbones encendidos amontonarás sobre su cabeza."

²¹ No seas vencido por el mal, sino vence el mal con el bien.

- Como una persona divorciada, ¿cuál es tu responsabilidad para tu ex esposa o ex esposo?

- ¿Cuál es la responsabilidad de Dios?

- ¿Son estas instrucciones fáciles de seguir? ¿Es posible para ti hacer esto? Explica tu respuesta.

Mateo 5:43-48

⁴³ "Ustedes han oído que se dijo: 'Amarás a tu prójimo y odiarás a tu enemigo.'

⁴⁴ Pero Yo les digo: amen a sus enemigos y oren por los que los persiguen,

OBSERVA

Durante el ministerio terrenal de Jesús, Él constantemente tenía que tratar con personas que eran enemigos, hombres que se empeñaban en Su destrucción. Como El que está en la presencia de Dios para interceder por ti, Jesús sabe lo que estás experimentando y tiene algunas instrucciones sobre cómo tu, como Su seguidor, deberías conducirte. Terminemos la lección de esta semana al ver las instrucciones que Él nos dejó.

Líder: *Lee Mateo 5:43-48 y Lucas 6:31, 35-37 en voz alta. Pide al grupo que…*
- *Subraye cada vez que aparezcan las palabras **ustedes** y **su(s)**.*
- *Marque cada referencia a **amar** con un corazón:* ♡
- *Dibuje un triángulo sobre cada referencia a **Dios**, incluyendo pronombres y los sinónimos **su Padre** y **Altísimo**.*

DISCUTE
- Discute, versículo por versículo, lo que aprendiste al marcar *ustedes* y *su(s)*.

- ¿Quién debe ser tu modelo y ejemplo a seguir? ¿Qué ejemplo dejó ese modelo?

- ¿Piensas que estas instrucciones se aplican a ti en el trato que le das a tu ex? Si es así, ¿por qué? Si no, ¿por qué no?

[45] para que ustedes sean hijos de su Padre que está en los cielos; porque Él hace salir Su sol sobre malos y buenos, y llover sobre justos e injustos.

[46] Porque si ustedes aman a los que los aman, ¿qué recompensa tienen? ¿No hacen también lo mismo los recaudadores de impuestos?

[47] Y si saludan solamente a sus hermanos, ¿qué hacen más que otros? ¿No hacen también lo mismo los Gentiles?

[48] Por tanto, sean ustedes perfectos como su Padre celestial es perfecto.

Lucas 6:31, 35-37

³¹ Y así como quieran que los hombres les hagan a ustedes, hagan con ellos de la misma manera.

³⁵ Antes bien, amen a sus enemigos, y hagan bien, y presten no esperando nada a cambio, y su recompensa será grande, y serán hijos del Altísimo; porque Él es bondadoso para con los ingratos y perversos.

³⁶ Sean ustedes misericordiosos, así como su Padre es misericordioso.

³⁷ "No juzguen, y no serán juzgados; no condenen, y no serán condenados; perdonen, y serán perdonados.

- ¿Notaste la instrucción de orar por los que te persiguen (Mateo 5:44)? Incluso si tu ex te está persiguiendo, ¿piensas que Dios quiere que ores por él o ella? Explica tu respuesta.

Líder: Invita a los miembros del grupo a que discutan cómo se sienten acerca de esto y que compartan algo que hayan aprendido al orar por su ex esposo o esposa.

- ¿Qué preocupaciones o temores tienes acerca de lo que sucedería si tratas a tu ex esposo o esposa como instruye Jesús?

Líder: Anima a los miembros del grupo a compartir sus preocupaciones en voz alta para que se puedan ayudar entre sí a razonar esto juntos. Tan solo recuerda, no siempre hay una respuesta simple, ya que se necesita considerar toda la situación. Los pasajes de la Escritura no deben ser leídos de manera aislada sino que deben ser considerados dentro de todo el contexto del consejo de Dios.

FINALIZANDO

Uno de los beneficios de pertenecer a Dios es que conoces la verdad – y la verdad nos hace libres. También tienes el Espíritu de Dios, quien no solamente te lleva a toda la verdad, sino que también te da Su poder y Su presencia para vivir de acuerdo a Su Palabra.

Si tienes a Jesús, entonces puedes escoger vivir una vida de dominio propio. Debido a que Jesucristo está en ti y tú en Él, no necesitas vivir como vivías antes – separado de Jesucristo – ni tratar a tus enemigos de la misma manera en que te tratan. Sin importar la situación, amigo, puedes andar de manera que le agrade a Dios.

Consecuentemente, hay esperanza incluso después del divorcio – esperanza de vivir en victoria como más que un conquistador. Nunca olvides quien eres como hijo de Dios. Eres amado de Dios, impregnado con el conocimiento y poder de Dios que te capacita para vivir como un vencedor (1 Juan 5:1-4). ¡Recuerda que nunca eres una víctima!

Así que escucha con tu corazón la oración que Dios llevó a Pablo a decir por Sus hijos amados:

> Por esta causa, pues, doblo mis rodillas ante el Padre de nuestro Señor Jesucristo, de quien recibe nombre toda familia en el cielo y en la tierra. Le ruego que Él les conceda a ustedes, conforme a las riquezas de Su gloria, el ser fortalecidos con poder por Su Espíritu en el hombre interior; de manera que Cristo habite por la fe en sus corazones. También ruego que arraigados y cimentados en amor, ustedes sean capaces de comprender con todos los santos cuál es la anchura, la longitud, la altura y la

profundidad, y de conocer el amor de Cristo que sobrepasa el conocimiento, para que sean llenos hasta la medida de toda la plenitud de Dios.

Y a Aquél que es poderoso para hacer todo mucho más abundantemente de lo que pedimos o entendemos, según el poder que obra en nosotros, a Él sea la gloria en la iglesia y en Cristo Jesús por todas las generaciones, por los siglos de los siglos. Amén. (Efesios 3:14-21)

CUARTA SEMANA

Con el divorcio pueden venir todo tipo de amenazas, temores, inseguridades y un terrible sentimiento de soledad.

No puedes evitar pensar en qué pueda pasar contigo. ¿Quién cuidará de ti? ¿Cómo podrás sobrevivir por ti mismo? ¿Cómo podrás sustentarte financieramente?

Puede ser agobiante. Absoluta y totalmente abrumador.

Así que ¿cómo lidiarás con eso? ¿Dónde puedes ir y encontrar la calma en esta tormenta? Te podrán llegar todo tipo de sugerencias.

"Tómate un trago. Eso te calmará".

"Esto es tremendo. No tengas miedo de tomarte una o dos pastillas para ayudarte. Busca una prescripción hasta que pases el trauma de todo esto".

O puede ser que tengas tus propias ideas de cómo adormecer el dolor.

Podrías decidir comer lo que quieras y en la cantidad que quieras. O podrías quedarte en cama lo más que puedas, durmiendo y dejando que pasen las horas porque tus sueños son mejores que tu vida. (¡Kay nos cuenta que eso es lo que ella hizo! Ella no era cristiana cuando se divorció).

Podrías refugiarte en novelas o películas, dedicarte a tus hijos, buscar consuelo en un amigo, dedicarte por completo a tu carrera o buscar la compañía de aquella persona que pareció interesarse en tener una relación.

¿Pero qué pasa si en lugar de eso recurres al Maravilloso Consejero que te fue dado cuando te convertirse en un hijo de Dios (Isaías 9:6)? ¿El que está esperando que le des todo a Él?

¿Qué pasaría si haces que Él sea tu todo, tu lugar de seguridad y refugio?

Jeremías 17:5-6

⁵ Así dice el Señor: "Maldito el hombre que en el hombre confía, y hace de la carne su fortaleza, y del Señor se aparta su corazón.

⁶ Será como arbusto en lugar desolado y no verá cuando venga el bien; Habitará en pedregales en el desierto, una tierra salada y sin habitantes.

OBSERVA

Cuando nos llega una prueba, a menos que hayamos madurado bastante en nuestra relación con Dios, nuestra *primera* tendencia es buscar a otra persona por ayuda, consuelo o consejo. Ciertamente los amigos juegan un rol importante en una vida sana. Pero ¿es eso lo que Dios quiere que hagamos *primero*?

Líder: *Lee Jeremías 17:5-6 en voz alta lentamente.*

- *Pide al grupo que ponga una **X** sobre las referencias **al hombre** descrito en estos versículos. Incluye todos los pronombres como **su**.*

DISCUTE

- ¿Qué aprendiste de este hombre? ¿Cómo se lo describe?

- ¿Dónde está su confianza? ¿A dónde llevará eso? ¿Qué tipo de vida experimentará?

OBSERVA

Líder: Lee Jeremías 17:7-8. Esta vez pide al grupo que diga en voz alta y...
- *Subraye cada referencia **al hombre**, incluyendo pronombres.*
- *Marque cada referencia **al árbol**, incluyendo pronombres, de esta manera:*

DISCUTE

- ¿Qué aprendiste de este hombre?

- ¿Qué tipo de árbol es? Discute lo que aprendiste acerca del árbol.

- ¿Por qué este árbol sobrevive en la sequía?

- ¿Por qué es importante el agua? ¿Qué provee la corriente?

- Así que ¿a qué se compara la corriente del versículo 8 y cuál es la lección para nuestras vidas?

- ¿Qué le sucede a esta persona cuando sube la temperatura y por qué?

Jeremías 17:7-8

7 Bendito es el hombre que confía en el SEÑOR, cuya confianza es el SEÑOR.

8 Será como árbol plantado junto al agua, que extiende sus raíces junto a la corriente; No temerá cuando venga el calor, y sus hojas estarán verdes; En año de sequía no se angustiará ni cesará de dar fruto.

Salmos 139:23-24

²³ Escudríñame, oh Dios, y conoce mi corazón; Pruébame y conoce mis inquietudes.

²⁴ Y ve si hay en mí camino malo, y guíame en el camino eterno.

Salmos 62:8

Confíen en Él en todo tiempo, oh pueblo; derramen su corazón delante de Él; Dios es nuestro refugio.

OBSERVA

Líder: Lee el Salmo 139:23-24 y Salmo 62:8. Pide al grupo que…

- *Subraye cada referencia a los **seres humanos** en estos versículos – **mi**, **mis**, **pueblo**, **su**, **nuestro**.*
- *Marque cada referencia a **Dios**, incluyendo el pronombre **Él**, con un triángulo.*
- *Dibuje un corazón sobre la palabra **corazón**.*

DISCUTE

- ¿Qué aprendiste al subrayar cada referencia a la gente en estos versículos?

- ¿Qué le pidió el salmista a Dios que haga en el Salmo 139:23-24 y por qué?

- ¿Qué rol juega el corazón en estos versículos? ¿Qué significa esto?

- ¿Qué aprendiste acerca de Dios?

- ¿Es Dios capaz de ser y hacer las cosas que Le pidió el salmista?

- Cuando te da ansiedad por tu divorcio o tu mente revisa imágenes de tu relación o una conversación reciente con tu ex, ¿qué necesitas hacer?

- ¿Te has simplemente quedado quieto cuando estás ansioso y le has dicho al Señor cómo te sientes y después te has sentado a esperar en Él en silencio? ¿Qué sucedió? ¿Qué te vino a la mente?

- Quedarse quietos, esperar, escuchar a Dios es un arte perdido en medio de nuestras vidas ocupadas, pero tan beneficioso. Al esperar con ansias, Dios eventualmente traerá lo que Él quiera a tu mente. Reconocerás que viene de Él porque nunca será contrario a Su Palabra, Su carácter, Sus caminos. Esperar en Él, como dice Isaías 40:31, renovará tus fuerzas y te capacitará para lo que tengas que hacer.

Hebreos 13:5-6

⁵ Sea el carácter de ustedes sin avaricia, contentos con lo que tienen, porque Él mismo ha dicho: "Nunca te dejaré ni te desampararé,"

⁶ de manera que decimos confiadamente: "El SEÑOR es el que me ayuda; no temeré. ¿Que podrá hacerme el hombre?"

Hebreos 11:6

Y sin fe es imposible agradar a Dios. Porque es necesario que el que se acerca a Dios crea que Él existe, y que recompensa a los que Lo buscan.

OBSERVA

El divorcio puede traer todo tipo de temores con respecto a tu futuro. Te preguntas, *¿quién cuidará de mi ahora, estará ahí cuando lo necesite y me protegerá?* Divorciado o casado, la respuesta es fundamentalmente la misma: ¡Dios!

Líder: *Lee Hebreos 13:5-6 y 11:6 en voz alta con el grupo. Luego lee de nuevo y pide al grupo que…*

- *Subraye cada referencia a **nosotros** como **creyentes** – **ustedes**, **me**, **el**, **los**.*
- *Dibuje un triángulo sobre cada referencia a **Dios**, **Señor**, incluyendo pronombres.*

DISCUTE

- ¿Qué aprendiste al marcar las referencias a Dios?

- ¿Qué aprendiste al marcar las referencias a los creyentes?

- ¿Cuál es tu responsabilidad y la de Dios? ¿Cómo se vería esto de manera práctica en cualquier situación?

Cuarta Semana | 65

OBSERVA

Líder: *Lee Lucas 12:4-7, 22-24, 32 en voz alta y pide al grupo que…*
- *Subraye cada referencia a **las personas** a quienes se dirige Jesús en este pasaje.*
- *Dibuje un círculo irregular alrededor de cada referencia al **temor** o **preocupación**, de esta manera:*

DISCUTE

- ¿Qué le estaba Jesús diciendo a Sus amigos? (Si eres creyente, un hijo de Dios, eres un amigo [Juan 15:13-16]).

Lucas 12:4-7, 22-24, 32

4 "Así que Yo les digo, amigos Míos: no teman a los que matan el cuerpo, y después de esto no tienen nada más que puedan hacer.

5 Pero Yo les mostraré a quién deben temer: teman a Aquél que, después de matar, tiene poder para arrojar al infierno; sí, les digo: ¡A Él, teman!

6 ¿No se venden cinco pajarillos por dos moneditas? Y sin embargo, ni uno de ellos está olvidado ante Dios.

7 Es más, aun los cabellos de la cabeza de ustedes están todos contados. No teman; ustedes valen más que muchos pajarillos.

²² A Sus discípulos Jesús les dijo: "Por eso les digo que no se preocupen por su vida, qué comerán; ni por su cuerpo, qué vestirán.

²³ Porque la vida es más que el alimento, y el cuerpo más que la ropa.

²⁴ Consideren los cuervos, que ni siembran ni siegan; no tienen bodega ni granero, y sin embargo, Dios los alimenta. ¡Cuánto más valen ustedes que las aves!

³² No temas, rebaño pequeño, porque el Padre de ustedes ha decidido darles el reino.

- ¿Qué aprendiste al marcar *temor* y *preocupación*?

- ¿Qué comparaciones usó Jesús para asegurar a los amigos de Dios, Su rebaño?

Cuarta Semana

OBSERVA

El libro de Filipenses es una carta escrita por el apóstol Pablo durante su tiempo en la cárcel de Roma. A menudo es llamada la epístola o carta del gozo. ¿Qué consejo le dio este prisionero en cadenas a los cristianos en Filipo y cómo te puede ayudar y dar esperanza después del divorcio?

Líder: Lee Filipenses 4:4-7 en voz alta con el grupo para que se familiarice con el contenido. Luego léelo de nuevo lentamente y pide al grupo que...

- Subraye cada **instrucción directa**.
- Marque cada referencia al **Señor**, **Dios** con un triángulo.
- Dibuje una cruz sobre la referencia a **Jesucristo**.

DISCUTE

- ¿Cuáles son algunos de los temores con los que has tenido que lidiar, especialmente en conexión con tu divorcio?

Filipenses 4:4-7

[4] Regocíjense en el Señor siempre. Otra vez lo diré: ¡Regocíjense!

[5] La bondad de ustedes sea conocida de todos los hombres. El Señor está cerca.

[6] Por nada estén afanosos; antes bien, en todo, mediante oración y súplica con acción de gracias, sean dadas a conocer sus peticiones delante de Dios.

[7] Y la paz de Dios, que sobrepasa todo entendimiento, guardará sus corazones y sus mentes en Cristo Jesús.

- ¿Cuáles fueron las instrucciones de Pablo a la iglesia de Filipo? Obsérvalas en el orden en que fueron dadas, porque hay un propósito en ese orden.

- ¿Cuál es la primera instrucción en el versículo 4? Discute exactamente lo que debes hacer y por cuánto tiempo.

- ¿Hacer esto haría que la gente se pregunte acerca de ti? ¿Dónde pondría tu enfoque el obedecer esto?

- Piensa en lo que aprendiste de Dios en estas últimas semanas. ¿Qué verdades, si alguna, leíste sobre Dios que te pueda ayudar a regocijarte? Discute tu respuesta.

- Ahora, mira cuidadosamente el versículo 5. ¿Por qué debes tener un espíritu bondadoso? ¿Cómo puedes hacer eso?

ACLARACIÓN
La palabra griega para "bondad" es difícil de traducir al español. Se la ha traducido como "amabilidad, gentileza". La palabra tiene que ver con renunciar a los derechos personales por consideración a los demás.

Líder: Pide al grupo que lea el versículo 6 en voz alta, luego lentamente lee el cuadro de Aclaración a continuación para que puedan ver exactamente lo que deben hacer cuando están ansiosos por algo.

ACLARACIÓN

La palabra griega traducida como "oración" en Filipenses 4:6 indica oración general versus peticiones específicas. En otras palabras, es hablar con Dios acerca de Quién es, lo que Él ha prometido, lo que Él hizo por otros, como está registrado en la Biblia. Este tipo de oración incluye alabar a Dios declarando verdades que tratan con tus necesidades para una situación en particular. Esto pone tu enfoque en Aquel que es omnipotente, que dice que Él es el Señor y nada es imposible para Él (Jeremías 32:27). Es adoración en general, ¡reconociendo quién es Dios y que Él es soberano!

Por el contrario, la palabra traducida como "súplica" en Filipenses 4:6 se enfoca en peticiones específicas que puedes traer ante Dios. Describe una petición, trayendo tus hijos, tus finanzas, tus temores, tus inseguridades ante Dios. Nada es muy grande ni muy pequeño - ¡ni siquiera el pedir un espacio de parqueo! Debemos vivir en dependencia total de nuestro Padre celestial, así como lo hizo Jesús.

- ¿Qué sucede después de respirar profundo y ser bondadoso? Dejas de estar ansioso – eso es lo que implica la forma del verbo. En otras palabras, debes permanecer en calma. ¿Cómo haces eso? ¿Cuál es la siguiente instrucción en el versículo 6? ¿Cómo se debe cumplir?

- ¿Por qué se debe hacer todo esto con acción de gracias? ¿Qué muestra la acción de gracias?

- Según el versículo 7, ¿cuál será el resultado de tu obediencia?

ACLARACIÓN

Guardará es un término militar que significa "levantar una pared de protección que no puede ser penetrada". No te levantes de orar hasta que no tengas esa paz firme, esa confianza duradera. Luego haz lo que Dios mediante Su Espíritu te guíe a hacer.

- ¿Qué aprendiste acerca del Señor en estos versículos?

Filipenses 4:8-9

⁸ Por lo demás, hermanos, todo lo que es verdadero①, todo lo digno, todo lo justo, todo lo puro, todo lo amable, todo lo honorable, si hay alguna virtud o algo que merece elogio, en esto mediten.

⁹ Lo que también han aprendido y recibido y oído y visto en mí, esto practiquen, y el Dios de paz estará con ustedes.

OBSERVA

Para los seres humanos el más grande campo de batalla es la *mente*, también llamada *corazón* en la Escritura. En el libro de Proverbios leemos que como una persona piensa en su corazón, así es (23:7). Por tanto necesitamos guardar nuestros pensamientos muy cuidadosamente para que no se desvíen sin control y nos causen todo tipo de problemas. Esto puede ser especialmente verdad en el divorcio. ¿Cómo hacemos esto? Veamos lo que dice Pablo.

Líder: *Lee Filipenses 4:8-9 en voz alta con el grupo. Luego léelo de nuevo y pide al grupo que...*
- *Subraye cada referencia a **los hermanos**, incluyendo el pronombre **ustedes**.*
- *Dibuje un triángulo sobre **Dios**.*

Líder: *Lee de nuevo este pasaje.*
- *Esta vez pide al grupo que ponga un número sobre todas las cosas en que tenemos que pensar. La primera ya ha sido numerada para nosotros.*

DISCUTE

- ¿En qué debemos concentrar nuestras mentes según estos versículos?

- ¿Cuál es la promesa para los que lo hacen?

- Así que cuando un pensamiento viene a tu mente, pásalo a través de una revisión de seguridad. Analízalo. Según lo que Dios dice, ¿qué pensamiento pasará este examen? Si un pensamiento no califica, ¿qué deberías hacer?

- ¿Sabía Pablo de lo que estaba hablando? Explica tu respuesta.

- ¿Cómo te pueden ayudar estos dos versículos a sanarte de un divorcio?

Filipenses 4:10-14,19

¹⁰ Me alegré grandemente en el Señor de que ya al fin han reavivado su cuidado para conmigo. En verdad, antes se preocupaban, pero les faltaba la oportunidad.

¹¹ No que hable porque tenga escasez, pues he aprendido a contentarme cualquiera que sea mi situación.

¹² Sé vivir en pobreza, y sé vivir en prosperidad. En todo y por todo he aprendido el secreto tanto de estar saciado como de tener hambre, de tener abundancia como de sufrir necesidad.

OBSERVA

El divorcio puede causar todo tipo de temores. *¿Quién cuidará de mi ahora que estoy divorciado? ¿Cómo saldré adelante financieramente?* Veamos qué ayuda adicional podemos encontrar en la carta de Pablo a los Filipenses.

Líder: *Lee Filipenses 4:10-14, 19 lentamente. Pide al grupo que…*

- *Subraye cada pronombre que se refiera a* **Pablo – me, conmigo, mi**.
- *Encierre cada pronombre que se refiera a* **los filipenses – su**.

DISCUTE

- ¿Qué aprendiste al marcar las referencias a Pablo?

- Según el versículo 12, ¿qué tan difíciles estuvieron las cosas para él?

Cuarta Semana | 75

- ¿Qué aprendió Pablo? ¿Qué sugiere esto acerca de cómo puedes experimentar contentamiento? ¿Viene naturalmente, automáticamente? Explica tu respuesta.

- ¿Cómo puedes "vivir en pobreza" si la escasez económica es el resultado de tu divorcio?

- ¿Cuál era el secreto de Pablo para cada circunstancia?

- ¿Qué aprendiste al marcar las referencias a los filipenses?

- ¿Qué, si hay algo, aprendiste en estos versículos acerca de cómo Dios usa el cuerpo de Cristo para cumplir Su voluntad, cumplir Sus promesas?

- Describe un momento en que Dios te utilizó de esta manera.

- ¿Cómo te puede ayudar lo que has visto en Filipenses 4 a enfrentar las dificultades de tu divorcio?

[13] Todo lo puedo en Cristo que me fortalece.

[14] Sin embargo, han hecho bien en compartir conmigo en mi aflicción.

[19] Y mi Dios proveerá a todas sus necesidades, conforme a sus riquezas en gloria en Cristo Jesús.

FINALIZANDO

El Salmo 94:19 dice: "Cuando mis inquietudes se multiplican dentro de mí, Tus consuelos deleitan mi alma". Esta semana has tomado tan solo un sorbo del agua de vida de la Palabra de Dios.

Como viste en Jeremías 17:8, el agua es esencial para la vida y nuestras raíces necesitan penetrar profundamente en el agua de Su Palabra. Sin embargo, a veces no nos damos cuenta cuán desesperadamente necesitamos Su Palabra, hasta que la vida nos trae sequía. Esto fue verdad para la mujer en el pozo que tenía cinco maridos y cuya sed no fue satisfecha sino hasta que Jesús le ofreció el agua de vida (Juan 4).

El agua refrescante de la Palabra de Dios siempre está disponible para ti. Considera esta invitación de los últimos versículos del libro de Apocalipsis: "El Espíritu y la esposa dicen: "Ven." Y el que oye, diga: "Ven." Y el que tiene sed, venga; y el que desee, que tome gratuitamente del agua de la vida" (22:17).

El único costo es tu tiempo; tu eliges cómo lo gastas. Si te das tiempo para Dios y Lo llegas a conocer a través de Su Palabra, experimentarás una paz y poder que es literalmente divina. Y serás capaz de vivir como lo hizo Pablo, con contentamiento en cualquier circunstancia y hacer todas las cosas en Él que te fortalece.

Ven y bebe, porque "el pueblo que conoce a su Dios se mostrará fuerte y actuará" (Daniel 11:32).

QUINTA SEMANA

Hemos hablado de algunos temores y preguntas que vienen a la mente cuando te encuentras enfrentando un divorcio. Pero un cambio en tu estado civil puede llevar a muchas otras preguntas acerca de tu futuro a largo plazo. ¿Cómo lidiarás con la inevitable soledad? ¿Qué hay de la tentación sexual? ¿Dónde te deja esto en relación con Dios? ¿Podrá y querrá Él usarte de nuevo?

Ya que debemos vivir de toda palabra que salga de la boca de Dios, veamos qué es lo que Dios dice.

OBSERVA

Dios no quiere que estemos solos. Los amigos juegan un rol vital en nuestra salud espiritual y emocional, como también lo hace la hermandad del cuerpo de la iglesia. Y cuando no tienes pareja, los amigos son incluso más importantes. Veamos lo que Dios dice en Proverbios, el libro de la sabiduría.

Líder: Lee en voz alta los versículos de los Proverbios Seleccionados (17:17, 18:24, 27:6, 9-10, 15:21-24). Pide al grupo que...
- *subraye cada referencia a **amigo(s)**.*
- *Dibuje un rectángulo alrededor de cada referencia a **consejo, consulta, consejeros**.*

Proverbios Seleccionados

$17:17$ En todo tiempo ama el amigo, y el hermano nace para tiempo de angustia...

$18:24$ El hombre de muchos amigos se arruina, pero hay amigo más unido que un hermano...

$27:6$ Fieles son las heridas del amigo, pero engañosos los besos del enemigo...

⁹ El ungüento y el perfume alegran el corazón, y dulce para su amigo es el consejo del hombre.

¹⁰ No abandones a tu amigo ni al amigo de tu padre...

15:21 La necedad es alegría para el insensato, pero el hombre inteligente anda rectamente.

²² Sin consulta, los planes se frustran, pero con muchos consejeros, triunfan.

²³ El hombre se alegra con la respuesta adecuada, y una palabra a tiempo, ¡cuán agradable es!

²⁴ La senda de la vida para el sabio es hacia arriba para que se aparte del Seol que está abajo.

DISCUTE

- ¿Qué aprendiste al marcar las referencias a los amigos?

- ¿Qué propósitos sirven los amigos? ¿Qué tipo de amigos debería tener una persona?

- ¿Qué aprendiste al marcar las referencias a consejo y consejeros?

Quinta Semana

OBSERVA

Cuando en la Biblia dice que un "brazo de carne" falla (2 Crónicas 32:8), ¿a dónde puedes recurrir?

Líder: Lee el Salmo 119:22-24 en voz alta y pide al grupo que...
- *Marque **Tu** y **Tus**, que se refieren a Dios, con un triángulo.*
- *Dibuje un rectángulo alrededor de las palabras **testimonios** y **estatutos**.*

DISCUTE
- Describe las circunstancias del salmista como se ve revelado en estos tres versículos.

- ¿Cómo te puedes identificar con esta situación?

- ¿Qué hizo el salmista? Cuando otros le fallaron o se volvieron contra él, ¿se dio por vencido? ¿Qué puedes aprender de él?

Salmos 119:22-24

[22] Quita de mí el oprobio y el desprecio, porque yo guardo Tus testimonios.

[23] Aunque los príncipes se sienten y hablen contra mí, tu siervo medita en Tus estatutos.

[24] También Tus testimonios son mi deleite; ellos son mis consejeros.

Eclesiastés 4:9-12

⁹ Más valen dos que uno solo, pues tienen mejor pago por su trabajo.

¹⁰ Porque si uno de ellos cae, el otro levantará a su compañero; Pero ¡ay del que cae cuando no hay otro que lo levante!

¹¹ Además, si dos se acuestan juntos se mantienen calientes, pero uno solo ¿cómo se calentará?

¹² Y si alguien puede prevalecer contra el que está solo, dos lo resistirán. Un cordel de tres hilos no se rompe fácilmente.

OBSERVA

Líder: *Lee Eclesiastés 4:9-12 en voz alta. Pide al grupo que...*

- *Encierre cada referencia a **dos**, incluyendo **uno de ellos**.*
- *Subraye las referencias a **uno**, **uno solo**.*

DISCUTE

- ¿Qué aprendiste al marcar *dos* y *uno*?

- ¿Cuál crees que es el significado de la descripción del cordel de tres hilos? ¿Quién o qué podría representar el tercer hilo?

- Basado en lo que has leído aquí, ¿son importantes los amigos? ¿Qué tipo de persona crees que necesita ser un amigo?

- ¿Crees que deberías ser amigo cercano de una persona casada del sexo opuesto? Explica tu respuesta.

- De lo que conoces de la naturaleza humana, ¿por qué crees que una buena política sería que las mujeres aconsejen a mujeres y los hombres aconsejen a hombres?

OBSERVA

Sentirse solo, inútil o indigno de ser amado puede dejarnos vulnerables. Podríamos estar tentados a aferrarnos a cualquiera que nos trate con cariño. Cuando escogemos amigos y confidentes cercanos, es importante saber lo que ellos creen, cuál es su fuente de sabiduría, de dónde obtienen su perspectiva del mundo. Queremos estar seguros de buscar consejo que solo está basado en los preceptos de la Palabra de Dios.

Líder: *Lee 1 Corintios 15:33 y 2 Corintios 6:14-18 en voz alta. Pide al grupo que…*
- *Subraye cada **advertencia** y cada **instrucción**.*
- *Dibuje una línea inclinada como esta* **/** *entre cada **contraste** como se muestra en el primer contraste en el versículo 14.*

1 Corintios 15:33

No se dejen engañar: "Las malas compañías corrompen las buenas costumbres."

2 Corintios 6:14-18

[14] No estén unidos en yugo desigual con los incrédulos, pues ¿qué asociación tienen la justicia y la iniquidad? ¿O qué comunión la luz con las tinieblas?

[15] ¿O qué armonía tiene Cristo con Belial? ¿O qué tiene en común un creyente con un incrédulo?

¹⁶ ¿O qué acuerdo tiene el templo de Dios con los ídolos? Porque nosotros somos el templo del Dios vivo, como Dios dijo: "Habitaré en ellos, y andaré entre ellos; y seré su Dios, y ellos serán Mi pueblo.

¹⁷ Por tanto, salgan de en medio de ellos y apártense," dice el Señor; "y no toquen lo inmundo, y Yo los recibiré.

18 Yo seré un padre para ustedes, y ustedes serán para Mí hijos e hijas," dice el Señor Todopoderoso.

- *Marque con una cruz cada referencia al **creyente**, incluyendo los pronombres y sinónimos como **templo de Dios**.*

DISCUTE

- ¿Qué instrucciones encontraste en estos versículos y cuál es la razón para cada una, si la hay? Discute esto cuidadosamente.

- ¿Qué aprendiste al marcar las referencias al creyente?

- ¿Qué promete Dios? ¿Podría ser suficiente si te sientes solo? ¿Cómo?

- Si estás solo y necesitas un amigo, ¿qué puedes hacer para solucionar esa soledad?

OBSERVA

¿Podría ayudar el hablar con el Señor acerca de tu necesidad de un amigo que cumpla con los requisitos de Dios?

Líder: Lee Mateo 7:7-8, 11 en voz alta y pide al grupo que...
- *Ponga una cruz sobre cada **les**, **le**, **ustedes** y la frase **el que busca**.*
- *Marca **Padre** y **Le** con un triángulo.*

DISCUTE

- ¿Qué aprendiste al marcar *les*, *le*, *ustedes* y *el que busca*?

- ¿Qué aprendiste al marcar *su Padre*?

- ¿Qué te dice esto acerca de la importancia de tu relación con Dios? ¿Cómo debería esto guiar tus acciones?

Mateo 7:7-8, 11

⁷ "Pidan, y se les dará; busquen, y hallarán; llamen, y se les abrirá.

⁸ Porque todo el que pide, recibe; y el que busca, halla; y al que llama, se le abrirá.

¹¹ Pues si ustedes, siendo malos, saben dar buenas dádivas a sus hijos, ¿cuánto más su Padre que está en los cielos dará cosas buenas a los que Le piden?

1 Tesalonicenses 4:3-8

³ Porque ésta es la voluntad de Dios: su santificación; es decir, que se abstengan de inmoralidad sexual;

⁴ que cada uno de ustedes sepa cómo poseer su propio vaso en santificación y honor,

⁵ no en pasión degradante, como los Gentiles que no conocen a Dios.

⁶ Que nadie peque ni defraude a su hermano en este asunto, porque el Señor es el vengador en todas estas cosas, como también antes les dijimos y advertimos solemnemente.

OBSERVA

Dios está muy al tanto de las hormonas con las que tenemos que lidiar, los pensamientos sexuales programados en nuestras mentes. Después de todo, Él nos diseñó varón y hembra. Él es el creador, el inventor del sexo. Él quiso que fuera una actividad placentera y saludable dentro de los confines del matrimonio.

Como Creador, Dios también conoce los peligros destructivos del sexo cuando no seguimos las instrucciones del fabricante. Por tanto Él nos dio parámetros, reglas, leyes en cuanto a nuestra sexualidad. Él no solamente nos dijo las consecuencias de violar estas reglas, también nos ofreció Su Espíritu para darnos el poder que necesitamos para obedecer.

Con esto en mente, veamos ahora un pasaje que responde las preguntas acerca del sexo fuera del matrimonio.

Líder: *Lee 1 Tesalonicenses 4:3-8 en voz alta lentamente. Pide al grupo que…*
- *Subraye cada referencia al* **creyente** *–* ***su***, ***uno***, ***ustedes***, ***nadie***, ***les***, ***nos***, ***el***.
- *Dibuje un triángulo sobre cada referencia a* **Dios**, *incluyendo* **Señor** *y pronombres.*

ACLARACIÓN

La palabra *santificación* lleva el concepto de santidad, ser apartado para Dios, consagrado para Él. Esta es la base del desafío para los creyentes en este pasaje.

[7] Porque Dios no nos ha llamado a impureza, sino a santificación.

[8] Por tanto, el que rechaza esto no rechaza a un hombre, sino al Dios que les da a ustedes Su Espíritu Santo.

DISCUTE

- ¿Cuál es el punto principal en estos versículos? Mira las frases dirigidas a *ti* y *tu santificación*. ¿Qué está diciendo Dios? Según el versículo 3, ¿cómo se ve esa santificación? ¿Qué requiere?

- ¿Qué aprendiste al marcar las referencias a Dios, al Señor?

- Según este pasaje, ¿cuál es la opinión de Dios sobre el sexo fuera del matrimonio? ¿Hay alguna cláusula de contingencia? ¿Excepciones? ¿Dispensaciones especiales para personas divorciadas? Explica tu respuesta.

- Si no crees ni obedeces esto, ¿a quién te estás oponiendo?

Esperanza Después Del Divorcio

Hebreos 13:4

Sea el matrimonio honroso en todos, y el lecho matrimonial sin deshonra, porque a los inmorales y a los adúlteros los juzgará Dios.

OBSERVA

Líder: Lee Hebreos 13:4 en voz alta y pide al grupo que...

- *Marque cada referencia al **matrimonio** con dos círculos entrelazados, de esta manera: ⚭*
- *Ponga una **X** sobre la frase **fornicarios y adúlteros**.*

DISCUTE

- ¿Qué crees que significa tener un matrimonio honroso? ¿Qué es un lecho matrimonial sin deshonra?

- ¿Quién debe honrar el matrimonio y mantener el lecho matrimonial sin deshonra?

- Básicamente, la fornicación es cualquier tipo de actividad sexual prohibida en la Biblia, mientras que el adulterio es la infidelidad de una persona que está casada. ¿Qué les sucederá a los que cometen cualquiera de estos pecados?

- ¿Qué paralelo ves entre Hebreos 13:4 y lo que acabas de observar en 1 Tesalonicenses 4:3-8?

Quinta Semana | 87

- Así que, cuando alguien que no está casado contigo quiere tener intimidad sexual, ¿cuál será tu respuesta?

OBSERVA

Algunos recurren a la pornografía para saciar sus deseos sexuales. Veamos lo que Jesús dice acerca de esto.

Líder: Lee Mateo 5:27-30 en voz alta y pide al grupo que…
- *Subraye **ustedes**, **les**, **su**, **tu(s)**, **te**.*
- *Marque cada referencia al **infierno** con llamas de fuego, de esta manera:* 〰️

DISCUTE
- ¿Qué constituye adulterio en este pasaje? ¿Dónde se comete en este caso? Nota que la palabra griega traducida como "mire" está en tiempo presente, indicando una acción habitual.

- Según Jesús, ¿qué tan serio es esto? ¿Qué sugieren Sus comentarios acerca del ojo y de la mano?

Mateo 5:27-30

[27] "Ustedes han oído que se dijo: 'No cometerás adulterio.'

[28] Pero Yo les digo que todo el que mire a una mujer para codiciarla ya cometió adulterio con ella en su corazón.

[29] Si tu ojo derecho te hace pecar, arráncalo y tíralo; porque te es mejor que se pierda uno de tus miembros, y no que todo tu cuerpo sea arrojado al infierno.

[30] Y si tu mano derecha te hace pecar, córtala y tírala; porque te es mejor que se pierda uno de tus

miembros, y no que todo tu cuerpo vaya al infierno.

- ¿Cuáles son las consecuencias de la desobediencia en esta área?

- Según lo que aprendiste antes acerca del Espíritu de Dios, ¿es posible resistir la tentación sexual? Explica tu respuesta.

- A la luz de la Palabra de Dios, ¿es permisible la pornografía? ¿Cómo responde la pregunta este pasaje?

2 Timoteo 2:19, 22

[19] No obstante, el sólido fundamento de Dios permanece firme, teniendo este sello: "El Señor conoce a los que son Suyos," y: "Que se aparte de la iniquidad todo aquél que menciona el nombre del Señor."...

OBSERVA

Así que ¿cómo podemos programar nuestras mentes? Veamos una respuesta que funcionará si la obedecemos.

Líder: *Lee en voz alta 2 Timoteo 2:19, 22 y Romanos 6:12-14, 19.*

- *Pide al grupo que subraye **cada instrucción a los que quieren honrar a Dios**.*

Quinta Semana

DISCUTE
- ¿Cuáles son las instrucciones de Dios?

- ¿Cómo se ve la obediencia a estas instrucciones en la vida de una persona? ¿Cómo se ponen en práctica? Sé específico.

- ¿Piensas que es posible para una persona vivir de esta manera? ¿Por qué si o por qué no?

- ¿Hay alguna excusa para la desobediencia si eres un hijo de Dios? Explica tu respuesta.

- Cuando Pablo dice "el pecado no tendrá dominio sobre ustedes" en Romanos 6:14, ¿a quién le habla? ¿Qué significa esto?

- ¿Cómo puedes tú, como hijo de Dios, dejar de ser inmoral, resistir el encanto de la pornografía, dejar de hacer lo malo?

[22] Huye, pues, de las pasiones juveniles y sigue la justicia, la fe, el amor y la paz, con los que invocan al Señor con un corazón puro.

Romanos 6:12-14, 19

[12] Por tanto, no reine el pecado en su cuerpo mortal para que ustedes no obedezcan a sus lujurias;

[13] ni presenten los miembros de su cuerpo al pecado como instrumentos de iniquidad, sino preséntense ustedes mismos a Dios como vivos de entre los muertos, y sus miembros a Dios como instrumentos de justicia.

[14] Porque el pecado no tendrá dominio sobre

ustedes, pues no están bajo la ley sino bajo la gracia.

¹⁹ Hablo en términos humanos, por causa de la debilidad de su carne. Porque de la manera que ustedes presentaron sus miembros como esclavos a la impureza y a la iniquidad, para iniquidad, así ahora presenten sus miembros como esclavos a la justicia, para santificación.

Romanos 8:28-34

²⁸ Y sabemos que para los que aman a Dios, todas las cosas cooperan para bien, esto es, para los que son llamados conforme a Su propósito.

²⁹ Porque a los que de antemano conoció,

- ¿Cuál es tu responsabilidad como hijo de Dios? ¿Es Su gracia suficiente para ayudarte a superar esto? ¿Puede el escoger andar en el Espíritu realmente guardarte de hacer lo que tu carne quiere que hagas? ¿Qué aprendiste en las primeras semanas de este estudio?

- ¿Qué confirman los versículos de 2 Timoteo acerca de la importancia de la gente con la que te asocias?

Líder: Pide al grupo que discuta esta pregunta: ¿debe una persona divorciada y no casada involucrarse en cualquier tipo de actividad sexual?*

OBSERVA

Al considerar tu nueva realidad, algunas veces podrías preguntarte, ya que tu vida ha sido tan arruinada por el divorcio, si es que Dios se ha rendido contigo. Cuando no sepas qué hacer, qué creer, necesitas acudir al Soberano del universo. Pídele que te guíe en Su Palabra y que abra tu mente para entender las Escrituras

* Para un estudio más profundo sobre este tema, mira el estudio bíblico de 40 Minutos ¿Qué Dice la Biblia Acerca del Sexo?

Quinta Semana | 91

(Lucas 24:45). Recuerda, tu Padre se alegra al oír y responder tus oraciones cuando están dentro de los estándares de Sus preceptos.

Estos siguientes versículos están entre los más sanadores, consoladores y motivadores de todo el Nuevo Testamento. Y aunque vimos una porción de ellos en una lección anterior en un contexto diferente, repasemos y vayamos al glorioso final de Romanos 8. ¡El repaso ayuda a que la verdad se absorba mejor!

Líder: *Lee Romanos 8:28-34 en voz alta.*
- *Pide al grupo que subraye* **los**, **esos**, **nosotros**, **nos**.

DISCUTE

- Versículo por versículo, discute lo que aprendiste al marcar estas referencias. ¿Qué aprendiste acerca de las personas involucradas? ¿A quién exactamente se refieren los términos los, esos, nosotros y nos?

- ¿Qué acción toma lugar en el versículo 28 y quién está detrás de ella?

también los predestinó a ser hechos conforme a la imagen de Su Hijo, para que Él sea el primogénito entre muchos hermanos.

[30] A los que predestinó, a ésos también llamó. A los que llamó, a ésos también justificó. A los que justificó, a ésos también glorificó.

[31] Entonces, ¿qué diremos a esto? Si Dios está por nosotros, ¿quién estará contra nosotros?

[32] El que no negó ni a Su propio Hijo, sino que Lo entregó por todos nosotros, ¿cómo no nos dará también junto con Él todas las cosas?

[33] ¿Quién acusará a los escogidos de Dios? Dios es el que justifica.

³⁴ ¿Quién es el que condena? Cristo Jesús es el que murió, sí, más aún, el que resucitó, el que además está a la diestra de Dios, el que también intercede por nosotros.

- ¿Dice este pasaje que todas las cosas son buenas? Explica tu respuesta.

- ¿El estar divorciado te descalifica de recibir de la promesa de Dios? ¿Por qué sí o por qué no?

- ¿Cambiarían estas verdades si tu fueras el responsable del divorcio?

- ¿Qué diferencia práctica haría el conocer y aferrarse a estas verdades para tu vida? Sé específico.

- ¿Qué aprendiste del versículo 34 acerca de Jesús con respecto a ti? ¿Creerás en ello y vivirás en la paz que te da este conocimiento?

- ¿Es posible para Dios usar tu divorcio con un propósito de redención? Si creyeras en esto, ¿qué diferencia haría esto en tu vida?

OBSERVA

Líder: *Lee Romanos 8:35-39 en voz alta. Pide al grupo que…*
- *Subraye **nos** y **nuestro**.*
- *Dibuje un corazón sobre **amor** y **amó**.*

DISCUTE

- ¿Qué aprendiste al marcar nos y nuestro? ¿Incluye esto a una persona que ha experimentado un divorcio?

- Basado en lo que has leído en estos versículos, ¿piensas que el divorcio te puede separar del amor de Dios en Jesucristo? ¿De qué manera podría el divorcio impactar tu experiencia de Su amor?

Romanos 8:35-39

35 ¿Quién nos separará del amor de Cristo? ¿Tribulación, o angustia, o persecución, o hambre, o desnudez, o peligro, o espada?

36 Tal como está escrito: "Por causa tuya somos puestos a muerte todo el día; somos considerados como ovejas para el matadero."

37 Pero en todas estas cosas somos más que vencedores por medio de Aquél que nos amó.

38 Porque estoy convencido de que ni la muerte, ni la vida, ni ángeles, ni principados, ni lo presente, ni lo por venir, ni los poderes,

Efesios 1:3-5

³⁹ ni lo alto, ni lo profundo, ni ninguna otra cosa creada nos podrá separar del amor de Dios que es en Cristo Jesús Señor nuestro.

³ Bendito sea el Dios y Padre de nuestro Señor Jesucristo, que nos ha bendecido con toda bendición espiritual en los lugares celestiales en Cristo.

⁴ Porque Dios nos escogió en Cristo antes de la fundación del mundo, para que fuéramos santos y sin mancha delante de Él. En amor

⁵ nos predestinó para adopción como hijos para sí mediante

• A la luz de esta verdad, amado de Dios, ¿cómo vivirás?

OBSERVA

Veamos dos pasajes más que te asegurarán que Dios no ha terminado contigo solo porque estás divorciado.

Líder: *Lee Efesios 1:3-5 y Filipenses 1:6 en voz alta.*
  • *Pide al grupo que subraye nuestro, nos, ustedes.*

DISCUTE

• ¿Qué aprendiste al marcar las referencias a nosotros, los hijos de Dios?

Quinta Semana

- ¿Quién está detrás de nuestra salvación? ¿Quién la comenzó? ¿Quién la perfeccionará, la completará?

- Si eres un hijo de Dios, ¿te excluirá el divorcio, incluso si resulta de tus propias acciones, de estas promesas? Da la razón para tu respuesta.

Jesucristo, conforme a la buena intención de Su voluntad,

Filipenses 1:6

Estoy convencido precisamente de esto: que El que comenzó en ustedes la buena obra, la perfeccionará hasta el día de Cristo Jesús.

FINALIZANDO

Has visto por ti mismo los mandamientos de Dios y Sus promesas. La pregunta ahora es, ¿qué harás con lo que has aprendido? ¿Y qué harás cuando surjan otras preguntas en relación a tu divorcio?

La Palabra de Dios tiene en principio, en precepto, la respuesta a cada pregunta y situación en la vida. Dios dice en 2 Pedro 1:2-3 que Dios te ha dado todo cuanto concierne a la vida y a la piedad. Segunda Timoteo 3:16-17 nos dice que la Biblia, en todo su consejo, es inspirada por Dios.

Y es útil para enseñar. Como Jesús dijo en Juan 17:17, la verdad. Verdad que te puede amonestar. Te puede mostrar en qué estas mal, en qué te has desviado y luego corregirte, devolviéndote al camino estrecho que lleva a la vida eterna (Mateo 7:14). La Palabra de Dios es todo lo que necesitas para instruirte en justicia, para mostrarte lo que está bien y lo que está mal.

Tienes vida cuando vives de acuerdo a los preceptos de Dios – ¡Sus estándares, no los del hombre!

SEXTA SEMANA

¿Te ha dejado el fin de tu matrimonio con la sensación de que eres mercancía arruinada?

¿Estás plagado de culpa por tu papel en el divorcio?

¿Te han llevado a sentirte "menos" simplemente porque estás divorciado(a)?

¿Te da vergüenza que los demás se enteren que te has divorciado más de una vez?

¿Te preguntas si hay alguna posibilidad de que te cases de nuevo?

No dejes que tus expectativas de la vida se formen o limiten por la gente que tiene todo tipo de opiniones, sentimientos y consejos pero que no saben lo que Dios dice. No te confundas o te desvíes por gente que no maneja Su Palabra con precisión y consecuentemente dice y hace cosas que no deberían.

Una vez que ves por ti mismo lo que Dios dice acerca del matrimonio y el divorcio, el pecado y la culpa, Su verdad te hará libre. Su Palabra es tu vida, el pan por el que vives (Juan 17:17; Deuteronomio 32:47; Mateo 4:4). El conocimiento de la verdad de Dios te santifica, te aparta y te da la confianza y la fuerza para enfrentar todo tipo de adversidades, incluyendo el desprecio y el rechazo de los demás.

En nuestra última semana, asegúrate de tener la verdad que necesitas para encontrar la esperanza después del divorcio.

OBSERVA

Comencemos en la creación de la mujer y la primera unión entre hombre y mujer. Luego veremos los preceptos o verdades que afianzan el diseño de Dios para el matrimonio.

Génesis 2:18, 21-24

¹⁸ Entonces el Señor Dios dijo: "No es bueno que el hombre esté solo; le haré una ayuda adecuada."

²¹ Entonces el Señor Dios hizo caer un sueño profundo sobre el hombre, y éste se durmió. Y Dios tomó una de sus costillas, y cerró la carne en ese lugar.

²² De la costilla que el Señor Dios había tomado del hombre, formó una mujer y la trajo al hombre.

²³ Y el hombre dijo: "Esta es ahora hueso de mis huesos, y carne de mi carne. Ella será llamada mujer, porque

Líder: *Pide al grupo que lea en voz alta Génesis 2:18, 21-24 y Eclesiastés 9:9. Luego lee de nuevo y pide al grupo que diga en voz alta las palabras clave y las marque como se indica a continuación.*

- *Marca cada referencia al **Señor Dios** y cada pronombre que se refiere a Él, con un triángulo.*
- *Dibuja un rectángulo alrededor de cada referencia **al hombre**, incluyendo el pronombre **tu** en Eclesiastés.*
- *Encierra todas las referencias a **la mujer**.*

DISCUTE

- ¿Qué aprendiste al marcar las referencias al hombre?

- Describe la conexión entre el hombre y la mujer. ¿Qué tan estrecha es esta relación, según los versículos 23 y 24?

- ¿Cuál es el papel de Dios en todo lo que acabas de leer en Génesis 2?

- ¿Qué aprendiste de Eclesiastés acerca del matrimonio – y cómo se relaciona con lo que viste en Génesis 2?

- Resume lo que acabas de leer: ¿Cuál es la perspectiva de Dios del matrimonio?

- Si en el matrimonio dos se vuelven uno, ¿qué sucede cuando se divide por el divorcio? ¿Cuándo divides el número uno qué obtienes?

del hombre fue tomada."

[24] Por tanto el hombre dejará a su padre y a su madre y se unirá a su mujer, y serán una sola carne.

Eclesiastés 9:9

Goza de la vida con la mujer que amas todos los días de tu vida fugaz que Él te ha dado bajo el sol, todos los días de tu vanidad. Porque ésta es tu parte en la vida y en el trabajo con que te afanas bajo el sol.

1 Corintios 6:15-16

¹⁵ ¿No saben que sus cuerpos son miembros de Cristo? ¿Tomaré, acaso, los miembros de Cristo y los haré miembros de una ramera? ¡De ningún modo!

¹⁶ ¿O no saben que el que se une a una ramera es un cuerpo con ella? Porque Él dice: "Los dos vendrán a ser una sola carne."

OBSERVA

Cuando Génesis 2:24 dice que hombre y mujer serán una sola carne, ¿qué quiere decir? Dejemos que la escritura interprete a la escritura.

Líder: Lee 1 Corintios 6:15-16.
- *Pide al grupo que dibuje dos círculos entrelazados sobre cada referencia a **cuerpo** y **miembros** (partes del cuerpo), de esta manera:*

DISCUTE
- Según lo que acabas de leer en 1 Corintios, ¿a qué se refiere "y serán una sola carne"?

- ¿Qué te dice el significado de una sola carne acerca de la gravedad de tener relaciones sexuales con otra persona?

Sexta Semana | 101

- Cuando tienes sexo con alguien, ¿qué conexión resulta de ello? ¿Qué te vuelves con esa persona? Y si estás casado, ¿qué le hace a la unidad el traer una tercera persona a la relación a través del adulterio?

OBSERVA
Vayamos al libro de Efesios, donde Génesis 2:24 es citado de nuevo.

Líder: Lee Efesios 5:28-33 y pide al grupo que...
- *Dibuje un rectángulo alrededor de cada referencia a **esposo**, incluyendo sinónimos y pronombres.*
- *Encierre cada referencia a **mujeres**, incluyendo pronombres.*
- *Marque todas las referencias a **Cristo**, incluyendo pronombres, con una cruz.*

DISCUTE
- ¿Qué aprendiste acerca del rol del hombre con respecto a su mujer?

Efesios 5:28-33

[28] Así deben también los maridos amar a sus mujeres, como a sus propios cuerpos. El que ama a su mujer, a sí mismo se ama.

[29] Porque nadie aborreció jamás su propio cuerpo, sino que lo sustenta y lo cuida, así como también Cristo a la iglesia;

[30] porque somos miembros de Su cuerpo.

[31] Por esto el hombre dejará a su padre y a su madre, y se unirá a su

mujer, y los dos serán una sola carne.

⁃ ¿Por qué debe hacer esto el hombre? Observa los versículos 30 y 32.

³² Grande es este misterio, pero hablo con referencia a Cristo y a la iglesia.

⁃ ¿Qué se le instruye hacer a la mujer?

³³ En todo caso, cada uno de ustedes ame también a su mujer como a sí mismo, y que la mujer respete a su marido.

⁃ ¿De qué es imagen el matrimonio?

⁃ ¿Encaja el divorcio en esa imagen? ¿Por qué sí o por qué no?

OBSERVA

Como viste, Dios quiere que un hombre ame a su mujer como Jesús ama a la iglesia. Eclesiastés dice que debe disfrutar de su mujer todos los días de su vida. Pero el divorcio, por supuesto, pone fin a este amor y disfrute. Sea que tu pareja te haya dejado o que tú lo hayas hecho, ¿qué tiene Jesús que decir acerca de tu situación? ¿Estás forzado a permanecer soltero(a) por el resto de tu vida? Veremos.

Tan solo recuerda, la redención es la misión de Dios, así que ten un poco de paciencia si te sientes incómodo con lo que estás leyendo.

Líder: *Lee Mateo 19:3-9 y pide al grupo que...*
- *Dibuje una cruz sobre cada referencia a* **Jesús***, incluyendo los pronombres* **Él** *y* **Le***.*
- *Marque* **divorcio** *con una* **D***.*
- *Dibuje una nube alrededor de la frase* **salvo por infidelidad***.*

DISCUTE

- ¿Cómo comenzó esta discusión y entre quiénes fue?

Mateo 19:3-9

³ Y se acercaron a Él algunos Fariseos para ponerlo a prueba, diciendo: "¿Le está permitido a un hombre divorciarse de su mujer por cualquier motivo?"

⁴ Jesús les respondió: "¿No han leído que Aquél que los creó, desde el principio los hizo varón y hembra,

⁵ y dijo: 'Por esta razón el hombre dejará a su padre y a su madre y se unirá a su mujer, y los dos serán una sola carne'?

⁶ Así que ya no son dos, sino una sola carne. Por tanto, lo que Dios ha unido, ningún hombre lo separe."

⁷ Ellos Le dijeron: "Entonces, ¿por qué mandó Moisés darle carta de divorcio y repudiarla?"

⁸ El les contestó: "Por la dureza de su corazón Moisés les permitió a ustedes divorciarse de sus mujeres; pero no ha sido así desde el principio.

⁹ Pero Yo les digo que cualquiera que se divorcie de su mujer, salvo por infidelidad, y se case con otra, comete adulterio."

- ¿Cómo respondió Jesús (la Palabra de Dios) a la pregunta planteada en el versículo 3? ¿A qué pasaje de la Biblia llevó Jesús primero a los fariseos?

- ¿Qué aprendiste al marcar *divorcio*?

- Según Jesús, ¿hay una razón válida para el divorcio y por lo tanto para casarse de nuevo? Si es así, ¿cuál es?

- ¿Cómo el prohibir el divorcio apoya la enseñanza de Dios que en el matrimonio dos se vuelven una sola carne en el acto sexual?

- Aunque el divorcio es permisible en el caso de inmoralidad, a la luz de todo lo que has aprendido en estas últimas seis semanas, ¿qué sería lo ideal incluso si una pareja es infiel?

- Si la inmoralidad fuera el problema, ¿qué tendría que hacer la persona ofendida para ayudar a preservar este ideal?

- Cuando una persona perdona, ¿qué ejemplo está siguiendo?

- Si el ideal no se mantiene, ¿se acaba la vida? Explica tu respuesta.

OBSERVA
Como notaron los fariseos, el divorcio ha sido una realidad desde por lo menos el tiempo de Moisés. Veamos el pasaje mencionado por Jesús y los líderes religiosos.

Líder: *Lee Deuteronomio 24:1-4. Pide al grupo que...*
- *Dibuje un rectángulo alrededor de las referencias* **al hombre, marido***. Numera cada una de estas referencias con el número 1 o el 2 para distinguir entre cada esposo.*
- *Encierra cada referencia a* **la mujer***, incluyendo los pronombres ella y la.*
- *Marca* **divorcio** *con una* **D***.*

Deuteronomio 24:1-4

¹ "Cuando alguien toma una mujer y se casa con ella, si sucede que no le es agradable porque ha encontrado algo reprochable en ella, y le escribe certificado de divorcio, lo pone en su mano y la despide de su casa,

² y ella sale de su casa y llega a ser mujer de otro hombre;

³ si el segundo marido la aborrece y le escribe certificado de divorcio, lo pone en su mano y la despide de su casa, o si muere este último marido que la tomó para ser su mujer,

⁴ al primer marido que la despidió no le es permitido tomarla nuevamente como mujer, porque ha sido despreciada; pues eso es abominación ante el Señor. No traerás pecado sobre la tierra que el Señor tu Dios te da por heredad.

ACLARACIÓN

En tiempos bíblicos, el certificado de divorcio era una protección para la mujer. Servía como prueba de que su marido se había divorciado de ella y por lo tanto que tenía libertad para casarse de nuevo.

DISCUTE

- Hagamos un repaso. ¿Qué se cita como razón para el divorcio en Deuteronomio?

- ¿Cuál es una razón aceptable para el divorcio, según Jesús?

- ¿Qué razón tiene el primer marido aquí en Deuteronomio? (No olvides que Jesús dijo que la dureza de corazón fue lo que llevó a esto).

ACLARACIÓN

En la cultura del tiempo de Jesús, la definición de "algo reprochable en ella" se estiró hasta cubrir cualquier cosa que al hombre no le gustara de la mujer y se volvió una excusa para justificar la dureza de corazón hacia ella.

- Repasa la situación: ¿cuántas veces se casa la mujer en este pasaje? ¿Cuántos certificados de divorcio se le dan?

- En el contexto de todo lo que has aprendido hasta ahora, ¿qué le permitía hacer este certificado a la mujer?

- Según estos versículos, ¿puede una persona casarse de nuevo con su primera pareja después de haberse casado con otra? ¿Qué sucede si la pareja número dos muere? ¿Por qué piensas que esto es así? (Recuerda todo lo que aprendiste acerca de "una sola carne" en Génesis 2:24).

Malaquías 2:13-16

¹³ "Y esta otra cosa hacen: cubren el altar del Señor de lágrimas, llantos y gemidos, porque Él ya no mira la ofrenda ni la acepta con agrado de su mano.

¹⁴ Y ustedes dicen: '¿Por qué?' Porque el Señor ha sido testigo entre tú y la mujer de tu juventud, contra la cual has obrado deslealmente, aunque ella es tu compañera y la mujer de tu pacto.

¹⁵ Pero ninguno que tenga un remanente del Espíritu lo ha hecho así. ¿Y qué hizo éste mientras buscaba una descendencia de parte de Dios? Presten atención, pues, a su espíritu; no

OBSERVA

Malaquías, el último libro del Antiguo Testamento, está dirigido al pueblo de Israel, incluyendo los sacerdotes, que no están honrando a Dios como deberían. Consecuentemente, Dios tampoco los puede honrar. En este pasaje Dios menciona una de las cosas que causan que Él retire Su favor hacia Su pueblo.

Líder: Lee Malaquías 2:13-16. Pide al grupo que diga en voz alta y...
- *Subraye cada referencia a **la mujer**, incluyendo pronombres.*
- *Marque **divorcio** con una **D**.*
- *Marque **deslealmente** con una **I**.*

DISCUTE

- ¿Cuál era la situación aquí? Mira donde marcaste las referencias a la mujer. ¿Qué aprendes?

- ¿Cuál era la perspectiva de Dios sobre esto? ¿De qué acusó al hombre?

- ¿Qué aprendiste al marcar *divorcio*?

ACLARACIÓN

Malaquías 2:16 es muy difícil de traducir del hebreo. La versión Palabra de Dios para Todos traduce el versículo de esta manera: "El SEÑOR, el Dios de Israel, dice que el que odia a su mujer y se divorcia de ella deja ver lo cruel que es, dice el SEÑOR Todopoderoso. Así que cuídese cada uno y no sean infieles".

- Lee el versículo 15. ¿Qué ves aquí en cuanto al potencial impacto del divorcio en los hijos, el fruto del matrimonio?

seas desleal con la mujer de tu juventud.

[16] "Porque Yo detesto el divorcio," dice el SEÑOR, Dios de Israel, "y al que cubre de iniquidad su vestidura," dice el Señor de los ejércitos. "Presten atención, pues, a su espíritu y no sean desleales."

1 Corintios 7:1-3, 5

¹ En cuanto a las cosas de que me escribieron, bueno es para el hombre no tocar mujer.

² No obstante, por razón de las inmoralidades, que cada uno tenga su propia mujer, y cada una tenga su propio marido.

³ Que el marido cumpla su deber para con su mujer, e igualmente la mujer lo cumpla con el marido.

⁵ No se priven el uno del otro, excepto de común acuerdo y por cierto tiempo, para dedicarse a la oración. Vuelvan después a juntarse, a fin de que Satanás no los tiente por causa de falta de dominio propio.

OBSERVA

Veamos la carta de Pablo a los Corintios y veamos qué podemos aprender de sus palabras a los que vivían en una cultura similar a la nuestra – una cultura de inmoralidad rampante. Estos nuevos cristianos querían saber qué debían hacer con respecto al sexo y el matrimonio ahora que pertenecían a Cristo. "¿Qué hay del sexo? ¿Qué pasa si estoy casado con alguien que no es creyente? ¿Cómo vivo con él o ella? Si estoy divorciado, ¿puedo casarme de nuevo? ¿Debería volver con mi pareja que no es salva? ¿Debería una virgen casarse?" Pablo (quien no era casado) respondió esas preguntas y más en 1 Corintios 7. Es un capítulo crítico.

Comenzaremos con lo que dice Pablo acerca del sexo en el matrimonio y luego consideraremos lo que dice a los que están casados, solteros y divorciados.

Líder: *Lee 1 Corintios 7:1-3, 5 en voz alta y pide al grupo que...*
- *Ponga un rectángulo alrededor de cada referencia al **hombre**, **marido**.*
- *Encierre en un círculo cada referencia a **la mujer**, **la esposa**.*

DISCUTE
- ¿Cuál es el tema de estos versículos? Observa el contexto.

- ¿Qué significa para el marido y la mujer cumplir su deber el uno con el otro? Y si no lo hacen, ¿cuál es el potencial problema?

- Así que ¿pueden los cristianos tener sexo? Si es así, ¿bajo qué circunstancias?

OBSERVA

Líder: *Lee 1 Corintios 7:8-11 en voz alta y pide al grupo que...*
- *Dibuje una línea ondulada bajo cada referencia a* **los solteros** *y* **viudas**, *incluyendo los pronombres, de esta manera:* ⁓⁓⁓
- *Dibuje un rectángulo alrededor de cada referencia* **al marido**, *incluyendo pronombres.*
- *Encierre en un círculo cada referencia a* **la mujer**, *incluyendo pronombres.*
- *Marca* **dejar** *con una* **d**.
- *Marca* **divorcio** *con una* **D**.

1 Corintios 7:8-11

[8] A los solteros y a las viudas digo que es bueno para ellos si se quedan como yo.

[9] Pero si carecen de dominio propio, cásense. Que mejor es casarse que quemarse.

[10] A los casados instruyo, no yo, sino el Señor: que

la mujer no debe dejar al marido.

¹¹ Pero si lo deja, quédese sin casar, o de lo contrario que se reconcilie con su marido, y que el marido no abandone a su mujer.

1 Corintios 7:12-16

¹² Pero a los demás digo yo, no el Señor, que si un hermano tiene una mujer que no es creyente, y ella consiente en vivir con él, no la abandone.

¹³ Y la mujer cuyo marido no es creyente, y él consiente en vivir

DISCUTE

- ¿Cuáles son las instrucciones de Dios a través de Pablo? ¿Qué razones dio Pablo?

- ¿Qué aprendiste en el versículo 9 y la referencia al dominio propio? ¿Qué te dice esto acerca del sexo fuera del matrimonio?

- ¿Cuáles son las instrucciones a los casados en los versículos 10-11?

- ¿Permite el versículo 11 casarse de nuevo? Explica tu respuesta.

OBSERVA

Pablo ahora se dirige específicamente a los que están casados con no creyentes.

Líder: *Lee 1 Corintios 7:12-16 en voz alta y pide al grupo que...*

- *Dibuje un rectángulo alrededor de las referencias a **hermano**, **marido**, incluyendo los pronombres apropiados.*
- *Encierre en un círculo las referencias a **esposa**, **mujer**, **hermana**, incluyendo los pronombres apropiados.*

Líder: *Lee de nuevo el texto. Esta vez pide al grupo que...*
- Marque **no es creyente** con **XX**.
- Marque **abandone, separa** con una **D**.

DISCUTE
- ¿Cuáles son las instrucciones de Dios para un creyente que quiere dejar su matrimonio?

- ¿Qué razón se da para quedarse con una pareja no creyente que no quiere irse?

Nota: Ya que este estudio está enfocado en encontrar esperanza después del divorcio, no se cubre el tema del abuso físico. Sin embargo, de todo lo que Dios dice acerca del matrimonio, es obvio que el abuso físico no es aceptable y la víctima tiene derecho a salir de esa situación.

con ella, no abandone a su marido.

[14] Porque el marido que no es creyente es santificado por medio de su mujer; y la mujer que no es creyente es santificada por medio de su marido creyente. De otra manera sus hijos serían inmundos, pero ahora son santos.

[15] Sin embargo, si el que no es creyente se separa, que se separe. En tales casos el hermano o la hermana no están obligados, sino que Dios nos ha llamado para vivir en paz.

[16] Pues ¿cómo sabes tú, mujer, si salvarás a tu marido? ¿O cómo sabes tú, marido, si salvarás a tu mujer?

ACLARACIÓN

Santificados significa "apartados". Primera de Corintios 7:14 no dice que un no creyente se salvará mediante el matrimonio, tan solo que se beneficiará de la unión con una pareja que le pertenece a Dios. La presencia del cónyuge creyente también ayuda a proteger a los hijos.

- Si el no creyente se va, ¿libera esto al creyente para casarse eventualmente? Explica tu respuesta.

ACLARACIÓN

Cuando la Palabra de Dios otorga el divorcio, permite luego el nuevo casamiento. Cuando lees "no están obligados (sujetos a servidumbre)" en 1 Corintios 7:15, significa que la persona en esta circunstancia ya no está obligada a ese matrimonio.

OBSERVA

Primera de Corintios 7 provee una guía sobre asuntos de divorcio y nuevo casamiento para los que recién son salvos, llamados a Jesucristo. En los versículos 17-20 Pablo anotó que deberíamos permanecer en cualquier situación en la que estábamos cuando fuimos llamados. Los versículos que veremos explican lo que esto significa en relación al estado civil.

Si ya estabas divorciado antes de ser salvo, encontrarás esto muy útil. Kay nos cuenta que como una mujer divorciada y recientemente salva, encontró estos versículos liberadores, especialmente porque algunas personas le decían que nunca podría casarse de nuevo si quería obedecer a Dios. (Esto fue antes de que su ex esposo cometiera suicidio.)

Líder: *Lee 1 Corintios 7:26-28 en voz alta y pide al grupo que...*
- Marque **unido**, **casa(s)** con dos círculos entrelazados: ⊙⊙
- Marque **separarte**, **libre** como marcaste divorcio, con una **D**.

1 Corintios 7:26-28

²⁶ Creo, pues, que esto es bueno en vista de la presente aflicción; es decir, que es bueno que el hombre se quede como está.

²⁷ ¿Estás unido a mujer? No procures separarte. ¿Estás libre de mujer? No busques mujer.

²⁸ Y si te casas, no has pecado; y si una virgen se casa, no ha pecado. Sin embargo, ellos tendrán problemas en esta vida, y yo quiero evitárselos.

ACLARACIÓN

El término *unido* es sinónimo de *casado* y libre sinónimo de *divorcio*.

DISCUTE

- ¿Cuál fue el consejo de Pablo a los nuevos creyentes con respecto a su estado civil?

- Así que si ya estabas divorciado cuando fuiste salvo, ¿puedes casarte de nuevo? ¿Dónde está tu respuesta en estos versículos?

- ¿Qué aprendiste acerca del matrimonio en estos versículos? ¿Está libre de problemas? ¿Esperabas que fuera así?

- ¿Cómo debería guiarte lo que aprendiste esta semana en tus decisiones en cuanto al nuevo matrimonio? ¿Deberías apresurarte a casarte de nuevo?

Sexta Semana

OBSERVA

Muchas personas que están divorciadas llevan una carga de culpa que evita que salgan adelante y sirvan al Señor. ¿Qué puedes hacer con la culpa, especialmente si tu eres el que – para bien o para mal - causaste o pediste el divorcio?

Líder: Lee 1 Juan 1:8-9 en voz alta y pide al grupo que...
- *Marque cada referencia a **pecados** y **maldad** con una **P**.*
- *Subraye **nosotros** y **nuestros**.*

1 Juan 1:8-9

[8] Si decimos que no tenemos pecado, nos engañamos a nosotros mismos y la verdad no está en nosotros.

[9] Si confesamos nuestros pecados, Él es fiel y justo para perdonarnos los pecados y para limpiarnos de toda maldad.

ACLARACIÓN

La palabra para "confesar" en griego es *homologeo*, que significa "decir lo mismo". En otras palabras confesar es estar de acuerdo con Dios en que lo que Él llama pecado, tú también. Significa darle nombre a tu pecado – adulterio, mentira, etc. – en vez de dar excusas o tratar de suavizar la verdad.

DISCUTE

- ¿Qué aprendiste al marcar *nosotros* y *nuestros*?

- Así que ¿cómo debemos tratar con el pecado?

- ¿Qué hace Dios cuando tratamos con el pecado como Él dice? No te pierdas nada de lo que Dios promete hacer.

- ¿Qué significa esto para el que carga culpas?

- ¿Cuántas veces crees que tienes que confesar un pecado para que Dios haga lo que Él dice?

Hebreos 10:12-18

[12] Pero Cristo, habiendo ofrecido un solo sacrificio por los pecados para siempre, se sentó a la diestra de Dios,

OBSERVA

Jesús vino a este mundo con el propósito de liberarnos de la pena, el poder y eventualmente la presencia del pecado. "El Hijo del Hombre ha venido a buscar y a salvar lo que se había perdido" y a perdonar pecados (Lucas 19:10; Lucas 1:76-77.)

Sexta Semana | 119

Consideremos un último pasaje de las Escrituras que debería resolver el problema de la culpa. Lo veremos en dos partes para que lo puedas observar bien y luego asumir la verdad con la obediencia a la fe.

Líder: *Lee Hebreos 10:12-18 en voz alta. Pide al grupo que…*
- *Ponga una cruz sobre cada pronombre que se refiera a **Jesús** – **Él** y **Sus**.*
- *Subraye cada referencia a **los que son santificados**, incluyendo los pronombres.*
- *Ponga una **P** sobre cada referencia al pecado, incluyendo **iniquidades**.*

ACLARACIÓN

Hebreos 10:14 dice que la ofrenda de Jesús, el derramamiento de Su sangre por nuestros pecados, "Él ha hecho perfectos para siempre a los que son santificados". La frase aquí está en tiempo presente en el griego, que significa que es un proceso continuo. En otras palabras, ¡seguimos siendo apartados y cada vez más como Jesús! Maravilloso, ¿no es así?

[13] esperando de ahí en adelante hasta que Sus enemigos sean puestos por estrado de Sus pies.

[14] Porque por una ofrenda Él ha hecho perfectos para siempre a los que son santificados.

[15] También el Espíritu Santo nos da testimonio. Porque después de haber dicho:

[16] "Este es el pacto que haré con ellos después de aquellos días, dice el Señor: Pondré Mis leyes en su corazón, y en su mente las escribiré," añade:

[17] "Y nunca mas Me acordaré de sus pecados e iniquidades."

[18] Ahora bien, donde hay perdón de estas cosas, ya no hay ofrenda por el pecado.

DISCUTE

- Observa cada lugar en el que marcaste una referencia a Jesús. ¿Qué ha hecho Dios por ti a través de Jesús? ¿Cómo lo hizo?

- ¿Hay algo que puedas hacer para pagar por tu pecado?

- ¿Cómo se trata con el pecado? ¿Cuánto tiempo dura esto?

Hebreos 10:19-23

[19] Entonces, hermanos, puesto que tenemos confianza para entrar al Lugar Santísimo por la sangre de Jesús,

[20] por un camino nuevo y vivo que Él inauguró para nosotros

OBSERVA

Líder: Lee Hebreos 10:19-23. Pide al grupo que...

- *Subraye cada referencia a **los creyentes**, incluyendo **hermanos, nosotros, nuestra**.*
- *Ponga una cruz sobre cada referencia a **Jesús**, incluyendo **gran sacerdote** y los pronombres correspondientes.*
- *Dibuje un rectángulo alrededor de **mala conciencia**.*
- *Marque **esperanza** con una **E**.*

DISCUTE
- ¿Qué aprendiste al marcar las referencias a los creyentes, los hermanos? ¿Cuál es la aplicación? ¿Cuál es la conclusión del *entonces* del versículo 19?

- Según estos versículos, ¿te obligan tus pecados pasados a caminar con la carga de una mala conciencia? ¿Por qué sí o por qué no?

- ¿Cuál es la respuesta de Dios para nuestra culpa?

por medio del velo, es decir, Su carne,

[21] y puesto que tenemos un gran Sacerdote sobre la casa de Dios,

[22] acerquémonos con corazón sincero, en plena certidumbre de fe, teniendo nuestro corazón purificado de mala conciencia y nuestro cuerpo lavado con agua pura.

[23] Mantengamos firme la profesión de nuestra esperanza sin vacilar, porque fiel es Aquél que prometió.

FINALIZANDO

Una apreciada amiga que ama a Jesús, nos dijo que por cinco años cargó la culpa de su divorcio, pidiéndole a Dios una y otra vez por perdón. Luego un día cayó de rodillas y dijo "Dios, sabes cuánto lo siento. Conoces mi corazón. Sabes que Te amo y que quiero estar bien Contigo. Ya no puedo cargar con el peso de esta culpa y no me levantaré de aquí hasta que Tú alejes de mi esta carga".

Luego Dios dijo, *Te he perdonado. Créeme. Acepta Mi perdón.* Luego el Señor trajo el Salmo 51 a su mente. Con eso, ella dijo, su carga de culpa se esfumó – para nunca más regresar.

Jesús pagó totalmente por nuestros pecados de una vez y para siempre. ¿No es presuntuoso de nuestra parte pensar que podemos añadir al sacrificio de Jesús para obtener el perdón de los pecados y libertad de la culpa, cuando Dios dijo que no hay más sacrificio por los pecados (Hebreos 10:12)? Su sacrificio se encargó de todos nuestros pecados, pasados, presentes y futuros – cree en Él. Dale gracias. Muestra tu gratitud viviendo a la luz de esa verdad, sea que otros la crean o no. Olvidando lo que queda atrás prosigo hacia la meta para obtener el premio del supremo llamamiento de Dios en Cristo Jesús (Filipenses 3:14). Haz que tu vida cuente.

Te animamos a leer Lucas 7:36-50, donde encontrarás el relato de una mujer cuyos pecados eran muchos y debido a que ella supo cuánto era perdonada, amó a Jesús mucho más. Fue a esa mujer, desechada en los estándares religiosos de esos días, que Jesús dijo: "tu fe te ha salvado; ve en paz" (versículo 50).

Que puedas tu ir en paz – la paz y el poder que vienen de la fe, de creer en Dios y en Su Palabra.

ESTUDIOS BÍBLICOS INDUCTIVOS DE 40 MINUTOS

Esta singular serie de estudios bíblicos del equipo de enseñanza de Ministerios Precepto Internacional, aborda temas con los que luchan las mentes investigadoras; y lo hace en breves lecciones muy fáciles de entender e ideales para reuniones de grupos pequeños. Estos cursos de estudio bíblico, de la serie 40 minutos, pueden realizarse siguiendo cualquier orden. Sin embargo, a continuación te mostramos una posible secuencia a seguir:

¿Cómo Sabes que Dios es Tu Padre?

Muchos dicen: "Soy cristiano"; pero, ¿cómo pueden saber si Dios realmente es su Padre—y si el cielo será su futuro hogar? La epístola de 1 Juan fue escrita con este propósito—que tú puedas saber si realmente tienes la vida eterna. Éste es un esclarecedor estudio que te sacará de la oscuridad y abrirá tu entendimiento hacia esta importante verdad bíblica.

Cómo Tener una Relación Genuina con Dios

A quienes tengan el deseo de conocer a Dios y relacionarse con Él de forma significativa, Ministerios Precepto abre la Biblia para mostrarles el camino a la salvación. Por medio de un profundo análisis de ciertos pasajes bíblicos cruciales, este esclarecedor estudio se enfoca en dónde nos encontramos con respecto a Dios, cómo es que el pecado evita que lo conozcamos y cómo Cristo puso un puente sobre aquel abismo que existe entre los hombres y su Señor.

Ser un Discípulo: Considerando Su Verdadero Costo

Jesús llamó a Sus seguidores a ser discípulos. Pero el discipulado viene con un costo y un compromiso incluido. Este estudio da una mirada inductiva a cómo la Biblia describe al discípulo, establece las características de un seguidor de Cristo e invita a los estudiantes a aceptar Su desafío, para luego disfrutar de las eternas bendiciones del discipulado.

¿Vives lo que Dices?

Este estudio inductivo de Efesios 4 y 5, está diseñado para ayudar a los estudiantes a que vean por sí mismos, lo que Dios dice respecto al estilo de vida de un verdadero creyente en Cristo. Este estudio los capacitará para vivir de una manera digna de su llamamiento; con la meta final de desarrollar un andar diario con Dios, caracterizado por la madurez, la semejanza a Cristo y la paz.

Viviendo Una Vida de Verdadera Adoración

La adoración es uno de los temas del cristianismo peor entendidos; este estudio explora lo que la Biblia dice acerca de la adoración: ¿qué es? ¿Cuándo sucede? ¿Dónde ocurre? ¿Se basa en las emociones? ¿Se limita solamente a los domingos en la iglesia? ¿Impacta la forma en que sirves al Señor? Para éstas y más preguntas, este estudio nos ofrece respuestas bíblicas novedosas.

Edificando un Matrimonio que en Verdad Funcione

Dios diseñó el matrimonio para que fuera una relación satisfactoria y realizadora; creando a hombres y mujeres para que ellos—juntos y como una sola carne—pudieran reflejar Su amor por el mundo. El matrimonio, cuando es vivido como Dios lo planeó, nos completa, nos trae gozo y da a nuestras vidas un fresco significado. En este estudio, los lectores examinarán el diseño de Dios para el matrimonio y aprenderán cómo establecer y mantener el tipo de matrimonio que trae gozo duradero.

Cómo Tomar Decisiones Que No Lamentarás

Cada día nos enfrentamos a innumerables decisiones y algunas de ellas pueden cambiar el curso de nuestras vidas para siempre. Entonces, ¿a dónde acudes en busca de dirección? ¿Qué debemos hacer cuando nos enfrentamos a una tentación? Este breve estudio te brindará una práctica y valiosa guía, al explorar el papel que tiene la Escritura y el Espíritu Santo en nuestra toma de decisiones.

Dinero y Posesiones: La Búsqueda del Contentamiento

Nuestra actitud hacia el dinero y las posesiones reflejará la calidad de nuestra relación con Dios. Y, de acuerdo con las Escrituras, nuestra visión del dinero nos muestra dónde está descansando nuestro verdadero amor. En este estudio, los lectores escudriñarán las Escrituras para aprender de dónde proviene el dinero, cómo se supone que debemos manejarlo y cómo vivir una vida abundante, sin importar su actual situación financiera.

Cómo puede un Hombre Controlar Sus Pensamientos, Deseos y Pasiones

Este estudio capacita a los hombres con la poderosa verdad de que Dios ha provisto todo lo necesario para resistir la tentación; y lo hace, a través de ejemplos de hombres en las Escrituras, algunos de los cuales cayeron en pecado y otros que se mantuvieron firmes. Aprende cómo escoger el camino de pureza, para tener la plena confianza de que, a través del poder del Espíritu Santo y la Palabra de Dios, podrás estar algún día puro e irreprensible delante de Dios.

Viviendo Victoriosamente en Tiempos de Dificultad

Vivimos en un mundo decadente, poblado por gente sin rumbo y no podemos escaparnos de la adversidad y el dolor. Sin embargo, y por alguna razón, los difíciles tiempos que se viven actualmente son parte del plan de Dios y sirven para Sus propósitos. Este valioso estudio ayuda a los lectores a descubrir cómo glorificar a Dios en medio del dolor; al tiempo que aprenden cómo encontrar gozo aún cuando la vida parezca injusta y a conocer la paz que viene al confiar en el Único que puede brindar la fuerza necesaria en medio de nuestra debilidad.

El Perdón: Rompiendo el Poder del Pasado

El perdón puede ser un concepto abrumador, sobre todo para quienes llevan consigo profundas heridas provocadas por difíciles situaciones de su pasado. En este estudio innovador, obtendrás esclarecedores conceptos del perdón de Dios para contigo, aprenderás cómo responder a aquellos que te han tratado injustamente y descubrirás cómo la decisión de perdonar rompe las cadenas del doloroso pasado y te impulsa hacia un gozoso futuro.

Elementos Básicos de la Oración Efectiva

Esta perspectiva general de la oración te guiará a una vida de oración con más fervor, a medida que aprendes lo que Dios espera de tus oraciones y qué puedes esperar de Él. Un detallado examen del Padre Nuestro y de algunos importantes principios obtenidos de ejemplos de oraciones a través de la Biblia, te desafiarán a un mayor entendimiento de la voluntad de Dios, Sus caminos y Su amor por ti mientras experimentas lo que significa verdaderamente el acercarse a Dios en oración.

Cómo Liberarse de los Temores

La vida está llena de todo tipo de temores que pueden asaltar tu mente, perturbar tu alma y traer estrés incalculable. Pero no tienes que permanecer cautivo a tus temores. En este estudio de seis semanas aprenderás cómo confrontar tus circunstancias con fortaleza y coraje mientras vives en el temor del Señor – el temor que conquista todo temor y te libera para vivir en fe.

Cómo se Hace un Líder al Estilo de Dios

¿Qué espera Dios de quienes Él coloca en lugares de autoridad? ¿Qué características marcan al verdadero líder efectivo? ¿Cómo puedes ser el líder que Dios te ha llamado a ser? Encontrarás las respuestas a éstas y otras preguntas, en este poderoso estudio de cuatro importantes líderes de Israel—Elí, Samuel, Saúl y David—cuyas vidas señalan principios que necesitamos conocer como líderes en nuestros hogares, en nuestras comunidades, en nuestras iglesias y finalmente en nuestro mundo.

¿Qué Dice la Biblia Acerca del Sexo?

Nuestra cultura está saturada de sexo, pero muy pocos tienen una idea clara de lo que Dios dice acerca de este tema. En contraste a la creencia popular, Dios no se opone al sexo; únicamente, a su mal uso. Al aprender acerca de las barreras o límites que Él ha diseñado para proteger este regalo, te capacitarás para enfrentar las mentiras del mundo y aprender que Dios quiere lo mejor para ti.

Principios Clave para el Ayuno Bíblico

La disciplina espiritual del ayuno se remonta a la antigüedad. Sin embargo, el propósito y naturaleza de esta práctica a menudo es malentendida. Este vigorizante estudio explica por qué el ayuno es importante en la vida del creyente promedio, resalta principios bíblicos para el ayuno efectivo y muestra cómo esta poderosa disciplina lleva a una conexión más profunda con Dios.

Entendiendo los Dones Espirituales

¿Qué son Dones Espirituales?
El tema de los dones espirituales podría parecer complicado: ¿Quién

tiene dones espirituales – "las personas espirituales" o todo el mundo? ¿Qué son dones espirituales?
Entender los Dones Espirituales te lleva directamente a la Palabra de Dios, para descubrir las respuestas del Mismo que otorga el don. A medida que profundizas en los pasajes bíblicos acerca del diseño de Dios para cada uno de nosotros, descubrirás que los dones espirituales no son complicados – pero sí cambian vidas.
Descubrirás lo que son los dones espirituales, de dónde vienen, quiénes los tienen, cómo se reciben y cómo obran dentro de la iglesia. A medida que estudias, tendrás una nueva visión de cómo puedes usar los dones dados por Dios para traer esperanza a tu hogar, tu iglesia y a un mundo herido.

Viviendo Como que le Perteneces a Dios

¿Pueden otros ver que le perteneces a Dios?
Dios nos llama a una vida de gozo, obediencia y confianza. Él nos llama a ser diferentes de quienes nos rodean. Él nos llama a ser santos.
En este enriquecedor estudio, descubrirás que la santidad no es un estándar arbitrario dentro de la iglesia actual o un objetivo inalcanzable de perfección intachable. La santidad se trata de agradar a Dios – vivir de tal manera que sea claro que le perteneces a Él. La santidad es lo que te hace único como un creyente de Jesucristo.
Ven a explorar la belleza de vivir en santidad y ver por qué la verdadera santidad y verdadera felicidad siempre van de la mano.

Amando a Dios y a los demás

¿Qué quiere realmente Dios de ti?
Es fácil confundirse acerca de cómo agradar a Dios. Un maestro de Biblia te da una larga lista de mandatos que debes guardar. El siguiente te dice que solo la gracia importa. ¿Quién está en lo correcto?

Hace siglos, en respuesta a esta pregunta, Jesús simplificó todas las reglas y regulaciones de la Ley en dos grandes mandamientos: amar a Dios y a tu prójimo.

Amar a Dios y a los demás estudia cómo estos dos mandamientos definen el corazón de la fe Cristiana. Mientras descansas en el conocimiento de lo que Dios te ha llamado a hacer, serás desafiado a vivir estos mandamientos – y descubrir cómo obedecer los simples mandatos de Jesús transformarán no solo tu vida sino también las vidas de los que te rodean.

Distracciones Fatales: Conquistando Tentaciones Destructivas

¿Está el pecado amenazando tu progreso espiritual?

Cualquier tipo de pecado puede minar la efectividad del creyente, pero ciertos pecados pueden enraizarse tanto en sus vidas - incluso sin darse cuenta - que se vuelven fatales para nuestro crecimiento espiritual. Este estudio trata con seis de los pecados "mortales" que amenazan el progreso espiritual: Orgullo, Ira, Celos, Glotonería, Pereza y Avaricia. Aprenderás cómo identificar las formas sutiles en las que estas distracciones fatales pueden invadir tu vida y estarás equipado para conquistar estas tentaciones destructivas para que puedas madurar en tu caminar con Cristo.

La Fortaleza de Conocer a Dios

Puede que sepas acerca de Dios, pero ¿realmente sabes lo que Él dice acerca de Sí mismo – y lo que Él quiere de ti?

Este estudio esclarecedor te ayudará a ganar un verdadero entendimiento del carácter de Dios y Sus caminos. Mientras descubres por ti mismo quién es Él, serás llevado hacia una relación más profunda y personal con el Dios del universo – una relación que te permitirá mostrar confiadamente Su fuerza en las circunstancias más difíciles de la vida.

Guerra Espiritual: Venciendo al Enemigo

¿Estás preparado para la batalla?
Ya sea que te des cuenta o no, vives en medio de una lucha espiritual. Tu enemigo, el diablo, es peligroso, destructivo y está determinado a alejarte de servir de manera efectiva a Dios. Para poder defenderte a ti mismo de sus ataques, necesitas conocer cómo opera el enemigo. A través de este estudio de seis semanas, obtendrás un completo conocimiento de las tácticas e insidias del enemigo. Mientras descubres la verdad acerca de Satanás – incluyendo los límites de su poder – estarás equipado a permanecer firme contra sus ataques y a desarrollar una estrategia para vivir diariamente en victoria.

Volviendo Tu Corazón Hacia Dios

Descubre lo que realmente significa ser bendecido.
En el Sermón del Monte, Jesús identificó actitudes que traen el favor de Dios: llorar sobre el pecado, demostrar mansedumbre, mostrar misericordia, cultivar la paz y más. Algunas de estas frases se han vuelto tan familiares que hemos perdido el sentido de su significado. En este poderoso estudio, obtendrás un fresco entendimiento de lo que significa alinear tu vida con las prioridades de Dios. Redescubrirás por qué la palabra bendecido significa caminar en la plenitud y satisfacción de Dios, sin importar tus circunstancias. A medida que miras de cerca el significado detrás de cada una de las Bienaventuranzas, verás cómo estas verdades dan forma a tus decisiones cada día – y te acercan más al corazón de Dios.

El Cielo, El Infierno y la Vida Después de la Muerte

Descubre lo que Dios dice acerca de la muerte, el morir y la vida después de la muerte.
Muchas personas están intrigadas por lo que les espera detrás de la puerta, pero vivimos en una era bombardeada de puntos de vista en conflicto. ¿Cómo podemos estar seguros de lo que es verdad?

En este estudio esclarecedor, examinarás las respuestas de la Biblia acerca de la muerte y lo que viene después. A medida que confrontas la inevitabilidad de la muerte en el contexto de la promesa del cielo y la realidad del infierno, serás desafiado a examinar tu corazón — y al hacerlo, descubrir que al aferrarte a la promesa de la vida eterna, el aguijón de la muerte es reemplazado con paz.

Descubriendo lo Que Nos Espera en el Futuro

Con todo lo que está ocurriendo en el mundo, las personas no pueden evitar cuestionarse respecto a lo que nos espera en el futuro. ¿Habrá paz alguna vez en la tierra? ¿Cuánto tiempo vivirá el mundo bajo la amenaza del terrorismo? ¿Hay un horizonte con un solo gobernante mundial? Esta fácil guía de estudio conduce a los lectores a través del importante libro de Daniel; libro en el que se establece el plan de Dios para el futuro.

Acerca De Ministerios Precepto Internacional

Ministerios Precepto Internacional fue levantado por Dios con el solo propósito de establecer a las personas en la Palabra de Dios para producir reverencia a Él. Sirve como un brazo de la iglesia sin ser parte de una denominación. Dios ha permitido a Precepto alcanzar más allá de las líneas denominacionales sin comprometer las verdades de Su Palabra inerrante. Nosotros creemos que cada palabra de la Biblia fue inspirada y dada al hombre como todo lo que necesita para alcanzar la madurez y estar completamente equipado para toda buena obra de la vida. Este ministerio no busca imponer sus doctrinas en los demás, sino dirigir a las personas al Maestro mismo, Quien guía y lidera mediante Su Espíritu a la verdad a través de un estudio sistemático de Su Palabra. El ministerio produce una variedad de estudios bíblicos e imparte conferencias y Talleres Intensivos de entrenamiento diseñados para establecer a los asistentes en la Palabra a través del Estudio Bíblico Inductivo.

Jack Arthur y su esposa, Kay, fundaron Ministerios Precepto en 1970. Kay y el equipo de escritores del ministerio producen estudios **Precepto sobre Precepto,** Estudios **In & Out**, estudios de la **serie Señor**, estudios de la **Nueva serie de Estudio Inductivo**, estudios **40 Minutos** y **Estudio Inductivo de la Biblia Descubre por ti mismo para niños.** A partir de años de estudio diligente y experiencia enseñando, Kay y el equipo han desarrollado estos cursos inductivos únicos que son utilizados en cerca de 185 países en 70 idiomas.

Movilizando
Estamos movilizando un grupo de creyentes que "manejan bien la Palabra de Dios" y quieren utilizar sus dones espirituales y talentos para alcanzar 10 millones más de personas con el estudio bíblico inductivo.
Si compartes nuestra pasión por establecer a las personas en la Palabra de Dios, te invitamos a leer más. Visita **www.precept.org/Mobilize** para más información detallada.

Respondiendo Al Llamado
Ahora que has estudiado y considerado en oración las escrituras, ¿hay algo nuevo que debas creer o hacer, o te movió a hacer algún cambio en

tu vida? Es una de las muchas cosas maravillosas y sobrenaturales que resultan de estar en Su Palabra – Dios nos habla. En Ministerios Precepto Internacional, creemos que hemos escuchado a Dios hablar acerca de nuestro rol en la Gran Comisión. Él nos ha dicho en Su Palabra que hagamos discípulos enseñando a las personas cómo estudiar Su Palabra. Planeamos alcanzar 10 millones más de personas con el Estudio Bíblico Inductivo.

Si compartes nuestra pasión por establecer a las personas en la Palabra de Dios, ¡te invitamos a que te unas a nosotros! ¿Considerarías en oración aportar mensualmente al ministerio? Si ofrendas en línea en **www.precept.org/ATC**, ahorramos gastos administrativos para que tus dólares alcancen a más gente. Si aportas mensualmente como una ofrenda mensual, menos dólares van a gastos administrativos y más van al ministerio. Por favor ora acerca de cómo el Señor te podría guiar a responder el llamado.

COMPRA CON PROPÓSITO

Cuando compras libros, estudios, audio y video, por favor cómpralos de Ministerios Precepto a través de nuestra tienda en línea (**http://store.precept.org/**) o en la oficina de Precepto en tu país. Sabemos que podrías encontrar algunos de estos materiales a menor precio en tiendas con fines de lucro, pero cuando compras a través de nosotros, las ganancias apoyan el trabajo que hacemos:

• Desarrollar más estudios bíblicos inductivos
• Traducir más estudios en otros idiomas
• Apoyar los esfuerzos en 185 países
• Alcanzar millones diariamente a través de la radio y televisión
• Entrenar pastores y líderes de estudios bíblicos alrededor del mundo
• Desarrollar estudios inductivos para niños para comenzar su viaje con Dios
• Equipar a las personas de todas las edades con las habilidades del estudio bíblico que transforma vidas.

Cuando compras en Precepto, ¡ayudas a establecer a las personas en la Palabra de Dios!

www.ingramcontent.com/pod-product-compliance
Lightning Source LLC
Chambersburg PA
CBHW071514040426
42444CB00008B/1642